中华人民共和国
新法规汇编

2022
第 10 辑

司法部 编

中国法制出版社

编辑说明

一、《中华人民共和国新法规汇编》是国家出版的法律、行政法规汇编正式版本，是刊登报国务院备案并予以登记的部门规章的指定出版物。

二、本汇编收集的内容包括：上一个月内由全国人民代表大会及其常务委员会通过的法律和有关法律问题的决定，国务院公布的行政法规和国务院文件，报国务院备案并予以登记的部门规章，最高人民法院和最高人民检察院公布的司法解释。另外，还收入了上一个月内报国务院备案并予以登记的地方性法规和地方政府规章目录。

三、本汇编所收的内容，按下列分类顺序编排：法律，行政法规，国务院文件，国务院部门规章，司法解释。每类中按公布的时间顺序排列。报国务院备案并予以登记的地方性法规和地方政府规章目录按1987年国务院批准的行政区划顺序排列；同一行政区域报备两件以上者，按公布时间顺序排列。

四、本汇编每年出版12辑，每月出版1辑。本辑为2022年度第10辑，收入2022年9月份内公布的法律2件、国务院文件6件、报国务院备案并经审查予以登记编号的部门规章7件，共计15件。

五、本汇编在编辑出版过程中，得到了国务院有关部门和有关方面以及广大读者的大力支持和协助，在此谨致谢意。

司法部

2022年10月

目　录

法　律

国务院文件

国务院部门规章

法　律

中华人民共和国农产品质量安全法

（2006 年 4 月 29 日第十届全国人民代表大会常务委员会第二十一次会议通过　根据 2018 年 10 月 26 日第十三届全国人民代表大会常务委员会第六次会议《关于修改〈中华人民共和国野生动物保护法〉等十五部法律的决定》修正　2022 年 9 月 2 日第十三届全国人民代表大会常务委员会第三十六次会议修订　2022 年 9 月 2 日中华人民共和国主席令 120 号公布　自 2023 年 1 月 1 日起施行）

目　　录

第一章　总　　则

第一条　为了保障农产品质量安全，维护公众健康，促进农业和农村经济发展，制定本法。

第二条　本法所称农产品，是指来源于种植业、林业、畜牧业和渔业等的初级产品，即在农业活动中获得的植物、动物、微生物及其产品。

本法所称农产品质量安全，是指农产品质量达到农产品质量安全标准，符合保障人的健康、安全的要求。

第三条　与农产品质量安全有关的农产品生产经营及其监督管理活动，

适用本法。

《中华人民共和国食品安全法》对食用农产品的市场销售、有关质量安全标准的制定、有关安全信息的公布和农业投入品已经作出规定的，应当遵守其规定。

第四条 国家加强农产品质量安全工作，实行源头治理、风险管理、全程控制，建立科学、严格的监督管理制度，构建协同、高效的社会共治体系。

第五条 国务院农业农村主管部门、市场监督管理部门依照本法和规定的职责，对农产品质量安全实施监督管理。

国务院其他有关部门依照本法和规定的职责承担农产品质量安全的有关工作。

第六条 县级以上地方人民政府对本行政区域的农产品质量安全工作负责，统一领导、组织、协调本行政区域的农产品质量安全工作，建立健全农产品质量安全工作机制，提高农产品质量安全水平。

县级以上地方人民政府应当依照本法和有关规定，确定本级农业农村主管部门、市场监督管理部门和其他有关部门的农产品质量安全监督管理工作职责。各有关部门在职责范围内负责本行政区域的农产品质量安全监督管理工作。

乡镇人民政府应当落实农产品质量安全监督管理责任，协助上级人民政府及其有关部门做好农产品质量安全监督管理工作。

第七条 农产品生产经营者应当对其生产经营的农产品质量安全负责。

农产品生产经营者应当依照法律、法规和农产品质量安全标准从事生产经营活动，诚信自律，接受社会监督，承担社会责任。

第八条 县级以上人民政府应当将农产品质量安全管理工作纳入本级国民经济和社会发展规划，所需经费列入本级预算，加强农产品质量安全监督管理能力建设。

第九条 国家引导、推广农产品标准化生产，鼓励和支持生产绿色优质农产品，禁止生产、销售不符合国家规定的农产品质量安全标准的农产品。

第十条 国家支持农产品质量安全科学技术研究，推行科学的质量安全管理方法，推广先进安全的生产技术。国家加强农产品质量安全科学技术国际交流与合作。

第十一条 各级人民政府及有关部门应当加强农产品质量安全知识的宣传，发挥基层群众性自治组织、农村集体经济组织的优势和作用，指导农产品生产经营者加强质量安全管理，保障农产品消费安全。

新闻媒体应当开展农产品质量安全法律、法规和农产品质量安全知识的公益宣传，对违法行为进行舆论监督。有关农产品质量安全的宣传报道应当真实、公正。

第十二条 农民专业合作社和农产品行业协会等应当及时为其成员提供生产技术服务，建立农产品质量安全管理制度，健全农产品质量安全控制体系，加强自律管理。

第二章 农产品质量安全风险管理和标准制定

第十三条 国家建立农产品质量安全风险监测制度。

国务院农业农村主管部门应当制定国家农产品质量安全风险监测计划，并对重点区域、重点农产品品种进行质量安全风险监测。省、自治区、直辖市人民政府农业农村主管部门应当根据国家农产品质量安全风险监测计划，结合本行政区域农产品生产经营实际，制定本行政区域的农产品质量安全风险监测实施方案，并报国务院农业农村主管部门备案。县级以上地方人民政府农业农村主管部门负责组织实施本行政区域的农产品质量安全风险监测。

县级以上人民政府市场监督管理部门和其他有关部门获知有关农产品质量安全风险信息后，应当立即核实并向同级农业农村主管部门通报。接到通报的农业农村主管部门应当及时上报。制定农产品质量安全风险监测计划、实施方案的部门应当及时研究分析，必要时进行调整。

第十四条 国家建立农产品质量安全风险评估制度。

国务院农业农村主管部门应当设立农产品质量安全风险评估专家委员会，对可能影响农产品质量安全的潜在危害进行风险分析和评估。国务院卫生健康、市场监督管理等部门发现需要对农产品进行质量安全风险评估的，应当向国务院农业农村主管部门提出风险评估建议。

农产品质量安全风险评估专家委员会由农业、食品、营养、生物、环境、医学、化工等方面的专家组成。

第十五条 国务院农业农村主管部门应当根据农产品质量安全风险监测、风险评估结果采取相应的管理措施，并将农产品质量安全风险监测、风险评估结果及时通报国务院市场监督管理、卫生健康等部门和有关省、自治区、直辖市人民政府农业农村主管部门。

县级以上人民政府农业农村主管部门开展农产品质量安全风险监测和风险评估工作时，可以根据需要进入农产品产地、储存场所及批发、零售市场。采集样品应当按照市场价格支付费用。

第十六条 国家建立健全农产品质量安全标准体系，确保严格实施。农产品质量安全标准是强制执行的标准，包括以下与农产品质量安全有关的要求：

（一）农业投入品质量要求、使用范围、用法、用量、安全间隔期和休药期规定；

（二）农产品产地环境、生产过程管控、储存、运输要求；

（三）农产品关键成分指标等要求；

（四）与屠宰畜禽有关的检验规程；

（五）其他与农产品质量安全有关的强制性要求。

《中华人民共和国食品安全法》对食用农产品的有关质量安全标准作出规定的，依照其规定执行。

第十七条 农产品质量安全标准的制定和发布，依照法律、行政法规的规定执行。

制定农产品质量安全标准应当充分考虑农产品质量安全风险评估结果，并听取农产品生产经营者、消费者、有关部门、行业协会等的意见，保障农产品消费安全。

第十八条 农产品质量安全标准应当根据科学技术发展水平以及农产品质量安全的需要，及时修订。

第十九条 农产品质量安全标准由农业农村主管部门商有关部门推进实施。

第三章 农产品产地

第二十条 国家建立健全农产品产地监测制度。

县级以上地方人民政府农业农村主管部门应当会同同级生态环境、自然资源等部门制定农产品产地监测计划，加强农产品产地安全调查、监测和评价工作。

第二十一条 县级以上地方人民政府农业农村主管部门应当会同同级生态环境、自然资源等部门按照保障农产品质量安全的要求，根据农产品品种特性和产地安全调查、监测、评价结果，依照土壤污染防治等法律、法规的规定提出划定特定农产品禁止生产区域的建议，报本级人民政府批准后实施。

任何单位和个人不得在特定农产品禁止生产区域种植、养殖、捕捞、采集特定农产品和建立特定农产品生产基地。

特定农产品禁止生产区域划定和管理的具体办法由国务院农业农村主管部门商国务院生态环境、自然资源等部门制定。

第二十二条 任何单位和个人不得违反有关环境保护法律、法规的规定向农产品产地排放或者倾倒废水、废气、固体废物或者其他有毒有害物质。

农业生产用水和用作肥料的固体废物，应当符合法律、法规和国家有关强制性标准的要求。

第二十三条 农产品生产者应当科学合理使用农药、兽药、肥料、农用薄膜等农业投入品，防止对农产品产地造成污染。

农药、肥料、农用薄膜等农业投入品的生产者、经营者、使用者应当按照国家有关规定回收并妥善处置包装物和废弃物。

第二十四条 县级以上人民政府应当采取措施，加强农产品基地建设，推进农业标准化示范建设，改善农产品的生产条件。

第四章 农产品生产

第二十五条 县级以上地方人民政府农业农村主管部门应当根据本地区的实际情况，制定保障农产品质量安全的生产技术要求和操作规程，并加强对农产品生产经营者的培训和指导。

农业技术推广机构应当加强对农产品生产经营者质量安全知识和技能的培训。国家鼓励科研教育机构开展农产品质量安全培训。

第二十六条 农产品生产企业、农民专业合作社、农业社会化服务组织应当加强农产品质量安全管理。

农产品生产企业应当建立农产品质量安全管理制度，配备相应的技术人员；不具备配备条件的，应当委托具有专业技术知识的人员进行农产品质量安全指导。

国家鼓励和支持农产品生产企业、农民专业合作社、农业社会化服务组织建立和实施危害分析和关键控制点体系，实施良好农业规范，提高农产品质量安全管理水平。

第二十七条 农产品生产企业、农民专业合作社、农业社会化服务组织应当建立农产品生产记录，如实记载下列事项：

（一）使用农业投入品的名称、来源、用法、用量和使用、停用的日期；

（二）动物疫病、农作物病虫害的发生和防治情况；

（三）收获、屠宰或者捕捞的日期。

农产品生产记录应当至少保存二年。禁止伪造、变造农产品生产记录。

国家鼓励其他农产品生产者建立农产品生产记录。

第二十八条 对可能影响农产品质量安全的农药、兽药、饲料和饲料添加剂、肥料、兽医器械，依照有关法律、行政法规的规定实行许可制度。

省级以上人民政府农业农村主管部门应当定期或者不定期组织对可能危

及农产品质量安全的农药、兽药、饲料和饲料添加剂、肥料等农业投入品进行监督抽查，并公布抽查结果。

农药、兽药经营者应当依照有关法律、行政法规的规定建立销售台账，记录购买者、销售日期和药品施用范围等内容。

第二十九条 农产品生产经营者应当依照有关法律、行政法规和国家有关强制性标准、国务院农业农村主管部门的规定，科学合理使用农药、兽药、饲料和饲料添加剂、肥料等农业投入品，严格执行农业投入品使用安全间隔期或者休药期的规定；不得超范围、超剂量使用农业投入品危及农产品质量安全。

禁止在农产品生产经营过程中使用国家禁止使用的农业投入品以及其他有毒有害物质。

第三十条 农产品生产场所以及生产活动中使用的设施、设备、消毒剂、洗涤剂等应当符合国家有关质量安全规定，防止污染农产品。

第三十一条 县级以上人民政府农业农村主管部门应当加强对农业投入品使用的监督管理和指导，建立健全农业投入品的安全使用制度，推广农业投入品科学使用技术，普及安全、环保农业投入品的使用。

第三十二条 国家鼓励和支持农产品生产经营者选用优质特色农产品品种，采用绿色生产技术和全程质量控制技术，生产绿色优质农产品，实施分等分级，提高农产品品质，打造农产品品牌。

第三十三条 国家支持农产品产地冷链物流基础设施建设，健全有关农产品冷链物流标准、服务规范和监管保障机制，保障冷链物流农产品畅通高效、安全便捷，扩大高品质市场供给。

从事农产品冷链物流的生产经营者应当依照法律、法规和有关农产品质量安全标准，加强冷链技术创新与应用、质量安全控制，执行对冷链物流农产品及其包装、运输工具、作业环境等的检验检测检疫要求，保证冷链农产品质量安全。

第五章 农产品销售

第三十四条 销售的农产品应当符合农产品质量安全标准。

农产品生产企业、农民专业合作社应当根据质量安全控制要求自行或者委托检测机构对农产品质量安全进行检测；经检测不符合农产品质量安全标准的农产品，应当及时采取管控措施，且不得销售。

农业技术推广等机构应当为农户等农产品生产经营者提供农产品检测技术服务。

第三十五条 农产品在包装、保鲜、储存、运输中所使用的保鲜剂、防腐剂、添加剂、包装材料等，应当符合国家有关强制性标准以及其他农产品质量安全规定。

储存、运输农产品的容器、工具和设备应当安全、无害。禁止将农产品与有毒有害物质一同储存、运输，防止污染农产品。

第三十六条 有下列情形之一的农产品，不得销售：

（一）含有国家禁止使用的农药、兽药或者其他化合物；

（二）农药、兽药等化学物质残留或者含有的重金属等有毒有害物质不符合农产品质量安全标准；

（三）含有的致病性寄生虫、微生物或者生物毒素不符合农产品质量安全标准；

（四）未按照国家有关强制性标准以及其他农产品质量安全规定使用保鲜剂、防腐剂、添加剂、包装材料等，或者使用的保鲜剂、防腐剂、添加剂、包装材料等不符合国家有关强制性标准以及其他质量安全规定；

（五）病死、毒死或者死因不明的动物及其产品；

（六）其他不符合农产品质量安全标准的情形。

对前款规定不得销售的农产品，应当依照法律、法规的规定进行处置。

第三十七条 农产品批发市场应当按照规定设立或者委托检测机构，对进场销售的农产品质量安全状况进行抽查检测；发现不符合农产品质量安全标准的，应当要求销售者立即停止销售，并向所在地市场监督管理、农业农村等部门报告。

农产品销售企业对其销售的农产品，应当建立健全进货检查验收制度；经查验不符合农产品质量安全标准的，不得销售。

食品生产者采购农产品等食品原料，应当依照《中华人民共和国食品安全法》的规定查验许可证和合格证明，对无法提供合格证明的，应当按照规定进行检验。

第三十八条 农产品生产企业、农民专业合作社以及从事农产品收购的单位或者个人销售的农产品，按照规定应当包装或者附加承诺达标合格证等标识的，须经包装或者附加标识后方可销售。包装物或者标识上应当按照规定标明产品的品名、产地、生产者、生产日期、保质期、产品质量等级等内容；使用添加剂的，还应当按照规定标明添加剂的名称。具体办法由国务院农业农村主管部门制定。

第三十九条 农产品生产企业、农民专业合作社应当执行法律、法规的规定和国家有关强制性标准，保证其销售的农产品符合农产品质量安全标准，并根据质量安全控制、检测结果等开具承诺达标合格证，承诺不使用禁用的农药、兽药及其他化合物且使用的常规农药、兽药残留不超标等。鼓励和支持农户销售农产品时开具承诺达标合格证。法律、行政法规对畜禽产品的质量安全合格证明有特别规定的，应当遵守其规定。

从事农产品收购的单位或者个人应当按照规定收取、保存承诺达标合格证或者其他质量安全合格证明，对其收购的农产品进行混装或者分装后销售的，应当按照规定开具承诺达标合格证。

农产品批发市场应当建立健全农产品承诺达标合格证查验等制度。

县级以上人民政府农业农村主管部门应当做好承诺达标合格证有关工作的指导服务，加强日常监督检查。

农产品质量安全承诺达标合格证管理办法由国务院农业农村主管部门会同国务院有关部门制定。

第四十条 农产品生产经营者通过网络平台销售农产品的，应当依照本法和《中华人民共和国电子商务法》、《中华人民共和国食品安全法》等法律、法规的规定，严格落实质量安全责任，保证其销售的农产品符合质量安全标准。网络平台经营者应当依法加强对农产品生产经营者的管理。

第四十一条 国家对列入农产品质量安全追溯目录的农产品实施追溯管理。国务院农业农村主管部门应当会同国务院市场监督管理等部门建立农产品质量安全追溯协作机制。农产品质量安全追溯管理办法和追溯目录由国务院农业农村主管部门会同国务院市场监督管理等部门制定。

国家鼓励具备信息化条件的农产品生产经营者采用现代信息技术手段采集、留存生产记录、购销记录等生产经营信息。

第四十二条 农产品质量符合国家规定的有关优质农产品标准的，农产品生产经营者可以申请使用农产品质量标志。禁止冒用农产品质量标志。

国家加强地理标志农产品保护和管理。

第四十三条 属于农业转基因生物的农产品，应当按照农业转基因生物安全管理的有关规定进行标识。

第四十四条 依法需要实施检疫的动植物及其产品，应当附具检疫标志、检疫证明。

第六章 监督管理

第四十五条 县级以上人民政府农业农村主管部门和市场监督管理等部门应当建立健全农产品质量安全全程监督管理协作机制，确保农产品从生产到消费各环节的质量安全。

县级以上人民政府农业农村主管部门和市场监督管理部门应当加强收购、储存、运输过程中农产品质量安全监督管理的协调配合和执法衔接，及时通报和共享农产品质量安全监督管理信息，并按照职责权限，发布有关农产品质量安全日常监督管理信息。

第四十六条 县级以上人民政府农业农村主管部门应当根据农产品质量安全风险监测、风险评估结果和农产品质量安全状况等，制定监督抽查计划，确定农产品质量安全监督抽查的重点、方式和频次，并实施农产品质量安全风险分级管理。

第四十七条 县级以上人民政府农业农村主管部门应当建立健全随机抽查机制，按照监督抽查计划，组织开展农产品质量安全监督抽查。

农产品质量安全监督抽查检测应当委托符合本法规定条件的农产品质量安全检测机构进行。监督抽查不得向被抽查人收取费用，抽取的样品应当按照市场价格支付费用，并不得超过国务院农业农村主管部门规定的数量。

上级农业农村主管部门监督抽查的同批次农产品，下级农业农村主管部门不得另行重复抽查。

第四十八条 农产品质量安全检测应当充分利用现有的符合条件的检测机构。

从事农产品质量安全检测的机构，应当具备相应的检测条件和能力，由省级以上人民政府农业农村主管部门或者其授权的部门考核合格。具体办法由国务院农业农村主管部门制定。

农产品质量安全检测机构应当依法经资质认定。

第四十九条 从事农产品质量安全检测工作的人员，应当具备相应的专业知识和实际操作技能，遵纪守法，恪守职业道德。

农产品质量安全检测机构对出具的检测报告负责。检测报告应当客观公正，检测数据应当真实可靠，禁止出具虚假检测报告。

第五十条 县级以上地方人民政府农业农村主管部门可以采用国务院农业农村主管部门会同国务院市场监督管理等部门认定的快速检测方法，开展农产品质量安全监督抽查检测。抽查检测结果确定有关农产品不符合农产品质量安全标准的，可以作为行政处罚的证据。

第五十一条 农产品生产经营者对监督抽查检测结果有异议的，可以自收到检测结果之日起五个工作日内，向实施农产品质量安全监督抽查的农业农村主管部门或者其上一级农业农村主管部门申请复检。复检机构与初检机构不得为同一机构。

采用快速检测方法进行农产品质量安全监督抽查检测，被抽查人对检测结果有异议的，可以自收到检测结果时起四小时内申请复检。复检不得采用快速检测方法。

复检机构应当自收到复检样品之日起七个工作日内出具检测报告。

因检测结果错误给当事人造成损害的，依法承担赔偿责任。

第五十二条 县级以上地方人民政府农业农村主管部门应当加强对农产品生产的监督管理，开展日常检查，重点检查农产品产地环境、农业投入品购买和使用、农产品生产记录、承诺达标合格证开具等情况。

国家鼓励和支持基层群众性自治组织建立农产品质量安全信息员工作制度，协助开展有关工作。

第五十三条 开展农产品质量安全监督检查，有权采取下列措施：

（一）进入生产经营场所进行现场检查，调查了解农产品质量安全的有关情况；

（二）查阅、复制农产品生产记录、购销台账等与农产品质量安全有关的资料；

（三）抽样检测生产经营的农产品和使用的农业投入品以及其他有关产品；

（四）查封、扣押有证据证明存在农产品质量安全隐患或者经检测不符合农产品质量安全标准的农产品；

（五）查封、扣押有证据证明可能危及农产品质量安全或者经检测不符合产品质量标准的农业投入品以及其他有毒有害物质；

（六）查封、扣押用于违法生产经营农产品的设施、设备、场所以及运输工具；

（七）收缴伪造的农产品质量标志。

农产品生产经营者应当协助、配合农产品质量安全监督检查，不得拒绝、阻挠。

第五十四条 县级以上人民政府农业农村等部门应当加强农产品质量安全信用体系建设，建立农产品生产经营者信用记录，记载行政处罚等信息，推进农产品质量安全信用信息的应用和管理。

第五十五条 农产品生产经营过程中存在质量安全隐患，未及时采取措施消除的，县级以上地方人民政府农业农村主管部门可以对农产品生产经营者的法定代表人或者主要负责人进行责任约谈。农产品生产经营者应当立即采取措施，进行整改，消除隐患。

第五十六条 国家鼓励消费者协会和其他单位或者个人对农产品质量安

全进行社会监督，对农产品质量安全监督管理工作提出意见和建议。任何单位和个人有权对违反本法的行为进行检举控告、投诉举报。

县级以上人民政府农业农村主管部门应当建立农产品质量安全投诉举报制度，公开投诉举报渠道，收到投诉举报后，应当及时处理。对不属于本部门职责的，应当移交有权处理的部门并书面通知投诉举报人。

第五十七条 县级以上地方人民政府农业农村主管部门应当加强对农产品质量安全执法人员的专业技术培训并组织考核。不具备相应知识和能力的，不得从事农产品质量安全执法工作。

第五十八条 上级人民政府应当督促下级人民政府履行农产品质量安全职责。对农产品质量安全责任落实不力、问题突出的地方人民政府，上级人民政府可以对其主要负责人进行责任约谈。被约谈的地方人民政府应当立即采取整改措施。

第五十九条 国务院农业农村主管部门应当会同国务院有关部门制定国家农产品质量安全突发事件应急预案，并与国家食品安全事故应急预案相衔接。

县级以上地方人民政府应当根据有关法律、行政法规的规定和上级人民政府的农产品质量安全突发事件应急预案，制定本行政区域的农产品质量安全突发事件应急预案。

发生农产品质量安全事故时，有关单位和个人应当采取控制措施，及时向所在地乡镇人民政府和县级人民政府农业农村等部门报告；收到报告的机关应当按照农产品质量安全突发事件应急预案及时处理并报本级人民政府、上级人民政府有关部门。发生重大农产品质量安全事故时，按照规定上报国务院及其有关部门。

任何单位和个人不得隐瞒、谎报、缓报农产品质量安全事故，不得隐匿、伪造、毁灭有关证据。

第六十条 县级以上地方人民政府市场监督管理部门依照本法和《中华人民共和国食品安全法》等法律、法规的规定，对农产品进入批发、零售市场或者生产加工企业后的生产经营活动进行监督检查。

第六十一条 县级以上人民政府农业农村、市场监督管理等部门发现农产品质量安全违法行为涉嫌犯罪的，应当及时将案件移送公安机关。对移送的案件，公安机关应当及时审查；认为有犯罪事实需要追究刑事责任的，应当立案侦查。

公安机关对依法不需要追究刑事责任但应当给予行政处罚的，应当及时将案件移送农业农村、市场监督管理等部门，有关部门应当依法处理。

公安机关商请农业农村、市场监督管理、生态环境等部门提供检验结论、认定意见以及对涉案农产品进行无害化处理等协助的，有关部门应当及时提供、予以协助。

第七章 法律责任

第六十二条 违反本法规定，地方各级人民政府有下列情形之一的，对直接负责的主管人员和其他直接责任人员给予警告、记过、记大过处分；造成严重后果的，给予降级或者撤职处分：

（一）未确定有关部门的农产品质量安全监督管理工作职责，未建立健全农产品质量安全工作机制，或者未落实农产品质量安全监督管理责任；

（二）未制定本行政区域的农产品质量安全突发事件应急预案，或者发生农产品质量安全事故后未按照规定启动应急预案。

第六十三条 违反本法规定，县级以上人民政府农业农村等部门有下列行为之一的，对直接负责的主管人员和其他直接责任人员给予记大过处分；情节较重的，给予降级或者撤职处分；情节严重的，给予开除处分；造成严重后果的，其主要负责人还应当引咎辞职：

（一）隐瞒、谎报、缓报农产品质量安全事故或者隐匿、伪造、毁灭有关证据；

（二）未按照规定查处农产品质量安全事故，或者接到农产品质量安全事故报告未及时处理，造成事故扩大或者蔓延；

（三）发现农产品质量安全重大风险隐患后，未及时采取相应措施，造成农产品质量安全事故或者不良社会影响；

（四）不履行农产品质量安全监督管理职责，导致发生农产品质量安全事故。

第六十四条 县级以上地方人民政府农业农村、市场监督管理等部门在履行农产品质量安全监督管理职责过程中，违法实施检查、强制等执法措施，给农产品生产经营者造成损失的，应当依法予以赔偿，对直接负责的主管人员和其他直接责任人员依法给予处分。

第六十五条 农产品质量安全检测机构、检测人员出具虚假检测报告的，由县级以上人民政府农业农村主管部门没收所收取的检测费用，检测费用不足一万元的，并处五万元以上十万元以下罚款，检测费用一万元以上的，并处检测费用五倍以上十倍以下罚款；对直接负责的主管人员和其他直接责任人员处一万元以上五万元以下罚款；使消费者的合法权益受到损害的，农产品质量安全检测机构应当与农产品生产经营者承担连带责任。

因农产品质量安全违法行为受到刑事处罚或者因出具虚假检测报告导致发生重大农产品质量安全事故的检测人员，终身不得从事农产品质量安全检测工作。农产品质量安全检测机构不得聘用上述人员。

农产品质量安全检测机构有前两款违法行为的，由授予其资质的主管部门或者机构吊销该农产品质量安全检测机构的资质证书。

第六十六条 违反本法规定，在特定农产品禁止生产区域种植、养殖、捕捞、采集特定农产品或者建立特定农产品生产基地的，由县级以上地方人民政府农业农村主管部门责令停止违法行为，没收农产品和违法所得，并处违法所得一倍以上三倍以下罚款。

违反法律、法规规定，向农产品产地排放或者倾倒废水、废气、固体废物或者其他有毒有害物质的，依照有关环境保护法律、法规的规定处理、处罚；造成损害的，依法承担赔偿责任。

第六十七条 农药、肥料、农用薄膜等农业投入品的生产者、经营者、使用者未按照规定回收并妥善处置包装物或者废弃物的，由县级以上地方人民政府农业农村主管部门依照有关法律、法规的规定处理、处罚。

第六十八条 违反本法规定，农产品生产企业有下列情形之一的，由县级以上地方人民政府农业农村主管部门责令限期改正；逾期不改正的，处五千元以上五万元以下罚款：

（一）未建立农产品质量安全管理制度；

（二）未配备相应的农产品质量安全管理技术人员，且未委托具有专业技术知识的人员进行农产品质量安全指导。

第六十九条 农产品生产企业、农民专业合作社、农业社会化服务组织未依照本法规定建立、保存农产品生产记录，或者伪造、变造农产品生产记录的，由县级以上地方人民政府农业农村主管部门责令限期改正；逾期不改正的，处二千元以上二万元以下罚款。

第七十条 违反本法规定，农产品生产经营者有下列行为之一，尚不构成犯罪的，由县级以上地方人民政府农业农村主管部门责令停止生产经营、追回已经销售的农产品，对违法生产经营的农产品进行无害化处理或者予以监督销毁，没收违法所得，并可以没收用于违法生产经营的工具、设备、原料等物品；违法生产经营的农产品货值金额不足一万元的，并处十万元以上十五万元以下罚款，货值金额一万元以上的，并处货值金额十五倍以上三十倍以下罚款；对农户，并处一千元以上一万元以下罚款；情节严重的，有许可证的吊销许可证，并可以由公安机关对其直接负责的主管人员和其他直接责任人员处五日以上十五日以下拘留：

（一）在农产品生产经营过程中使用国家禁止使用的农业投入品或者其他有毒有害物质；

（二）销售含有国家禁止使用的农药、兽药或者其他化合物的农产品；

（三）销售病死、毒死或者死因不明的动物及其产品。

明知农产品生产经营者从事前款规定的违法行为，仍为其提供生产经营场所或者其他条件的，由县级以上地方人民政府农业农村主管部门责令停止违法行为，没收违法所得，并处十万元以上二十万元以下罚款；使消费者的合法权益受到损害的，应当与农产品生产经营者承担连带责任。

第七十一条 违反本法规定，农产品生产经营者有下列行为之一，尚不构成犯罪的，由县级以上地方人民政府农业农村主管部门责令停止生产经营、追回已经销售的农产品，对违法生产经营的农产品进行无害化处理或者予以监督销毁，没收违法所得，并可以没收用于违法生产经营的工具、设备、原料等物品；违法生产经营的农产品货值金额不足一万元的，并处五万元以上十万元以下罚款，货值金额一万元以上的，并处货值金额十倍以上二十倍以下罚款；对农户，并处五百元以上五千元以下罚款：

（一）销售农药、兽药等化学物质残留或者含有的重金属等有毒有害物质不符合农产品质量安全标准的农产品；

（二）销售含有的致病性寄生虫、微生物或者生物毒素不符合农产品质量安全标准的农产品；

（三）销售其他不符合农产品质量安全标准的农产品。

第七十二条 违反本法规定，农产品生产经营者有下列行为之一的，由县级以上地方人民政府农业农村主管部门责令停止生产经营、追回已经销售的农产品，对违法生产经营的农产品进行无害化处理或者予以监督销毁，没收违法所得，并可以没收用于违法生产经营的工具、设备、原料等物品；违法生产经营的农产品货值金额不足一万元的，并处五千元以上五万元以下罚款，货值金额一万元以上的，并处货值金额五倍以上十倍以下罚款；对农户，并处三百元以上三千元以下罚款：

（一）在农产品生产场所以及生产活动中使用的设施、设备、消毒剂、洗涤剂等不符合国家有关质量安全规定；

（二）未按照国家有关强制性标准或者其他农产品质量安全规定使用保鲜剂、防腐剂、添加剂、包装材料等，或者使用的保鲜剂、防腐剂、添加剂、包装材料等不符合国家有关强制性标准或者其他质量安全规定；

（三）将农产品与有毒有害物质一同储存、运输。

第七十三条 违反本法规定，有下列行为之一的，由县级以上地方人民政府府农业农村主管部门按照职责给予批评教育，责令限期改正；逾期不改正的，处一百元以上一千元以下罚款：

（一）农产品生产企业、农民专业合作社、从事农产品收购的单位或者个人未按照规定开具承诺达标合格证；

（二）从事农产品收购的单位或者个人未按照规定收取、保存承诺达标合格证或者其他合格证明。

第七十四条 农产品生产经营者冒用农产品质量标志，或者销售冒用农产品质量标志的农产品的，由县级以上地方人民政府农业农村主管部门按照职责责令改正，没收违法所得；违法生产经营的农产品货值金额不足五千元的，并处五千元以上五万元以下罚款，货值金额五千元以上的，并处货值金额十倍以上二十倍以下罚款。

第七十五条 违反本法关于农产品质量安全追溯规定的，由县级以上地方人民政府农业农村主管部门按照职责责令限期改正；逾期不改正的，可以处一万元以下罚款。

第七十六条 违反本法规定，拒绝、阻挠依法开展的农产品质量安全监督检查、事故调查处理、抽样检测和风险评估的，由有关主管部门按照职责责令停产停业，并处二千元以上五万元以下罚款；构成违反治安管理行为的，由公安机关依法给予治安管理处罚。

第七十七条 《中华人民共和国食品安全法》对食用农产品进入批发、零售市场或者生产加工企业后的违法行为和法律责任有规定的，由县级以上地方人民政府市场监督管理部门依照其规定进行处罚。

第七十八条 违反本法规定，构成犯罪的，依法追究刑事责任。

第七十九条 违反本法规定，给消费者造成人身、财产或者其他损害的，依法承担民事赔偿责任。生产经营者财产不足以同时承担民事赔偿责任和缴纳罚款、罚金时，先承担民事赔偿责任。

食用农产品生产经营者违反本法规定，污染环境、侵害众多消费者合法权益，损害社会公共利益的，人民检察院可以依照《中华人民共和国民事诉讼法》、《中华人民共和国行政诉讼法》等法律的规定向人民法院提起诉讼。

第八章 附　　则

第八十条 粮食收购、储存、运输环节的质量安全管理，依照有关粮食管理的法律、行政法规执行。

第八十一条 本法自 2023 年 1 月 1 日起施行。

中华人民共和国反电信网络诈骗法

（2022年9月2日第十三届全国人民代表大会常务委员会第三十六次会议通过　2022年9月2日中华人民共和国主席令第119号公布　自2022年12月1日起施行）

目　　录

第一章　总　　则

第一条　为了预防、遏制和惩治电信网络诈骗活动，加强反电信网络诈骗工作，保护公民和组织的合法权益，维护社会稳定和国家安全，根据宪法，制定本法。

第二条　本法所称电信网络诈骗，是指以非法占有为目的，利用电信网络技术手段，通过远程、非接触等方式，诈骗公私财物的行为。

第三条　打击治理在中华人民共和国境内实施的电信网络诈骗活动或者中华人民共和国公民在境外实施的电信网络诈骗活动，适用本法。

境外的组织、个人针对中华人民共和国境内实施电信网络诈骗活动的，或者为他人针对境内实施电信网络诈骗活动提供产品、服务等帮助的，依照本法有关规定处理和追究责任。

第四条　反电信网络诈骗工作坚持以人民为中心，统筹发展和安全；坚持系统观念、法治思维，注重源头治理、综合治理；坚持齐抓共管、群防群治，全面落实打防管控各项措施，加强社会宣传教育防范；坚持精准防治，保障正常生产经营活动和群众生活便利。

第五条　反电信网络诈骗工作应当依法进行，维护公民和组织的合法权益。

有关部门和单位、个人应当对在反电信网络诈骗工作过程中知悉的国家秘密、商业秘密和个人隐私、个人信息予以保密。

第六条　国务院建立反电信网络诈骗工作机制，统筹协调打击治理工作。

地方各级人民政府组织领导本行政区域内反电信网络诈骗工作，确定反电信网络诈骗目标任务和工作机制，开展综合治理。

公安机关牵头负责反电信网络诈骗工作，金融、电信、网信、市场监管等有关部门依照职责履行监管主体责任，负责本行业领域反电信网络诈骗工作。

人民法院、人民检察院发挥审判、检察职能作用，依法防范、惩治电信网络诈骗活动。

电信业务经营者、银行业金融机构、非银行支付机构、互联网服务提供者承担风险防控责任，建立反电信网络诈骗内部控制机制和安全责任制度，加强新业务涉诈风险安全评估。

第七条　有关部门、单位在反电信网络诈骗工作中应当密切协作，实现跨行业、跨地域协同配合、快速联动，加强专业队伍建设，有效打击治理电信网络诈骗活动。

第八条　各级人民政府和有关部门应当加强反电信网络诈骗宣传，普及相关法律和知识，提高公众对各类电信网络诈骗方式的防骗意识和识骗能力。

教育行政、市场监管、民政等有关部门和村民委员会、居民委员会，应当结合电信网络诈骗受害群体的分布等特征，加强对老年人、青少年等群体的宣传教育，增强反电信网络诈骗宣传教育的针对性、精准性，开展反电信网络诈骗宣传教育进学校、进企业、进社区、进农村、进家庭等活动。

各单位应当加强内部防范电信网络诈骗工作，对工作人员开展防范电信网络诈骗教育；个人应当加强电信网络诈骗防范意识。单位、个人应当协助、配合有关部门依照本法规定开展反电信网络诈骗工作。

第二章　电信治理

第九条　电信业务经营者应当依法全面落实电话用户真实身份信息登记制度。

基础电信企业和移动通信转售企业应当承担对代理商落实电话用户实名制管理责任，在协议中明确代理商实名制登记的责任和有关违约处置措施。

第十条　办理电话卡不得超出国家有关规定限制的数量。

对经识别存在异常办卡情形的，电信业务经营者有权加强核查或者拒绝办卡。具体识别办法由国务院电信主管部门制定。

国务院电信主管部门组织建立电话用户开卡数量核验机制和风险信息共享机制，并为用户查询名下电话卡信息提供便捷渠道。

第十一条 电信业务经营者对监测识别的涉诈异常电话卡用户应当重新进行实名核验，根据风险等级采取有区别的、相应的核验措施。对未按规定核验或者核验未通过的，电信业务经营者可以限制、暂停有关电话卡功能。

第十二条 电信业务经营者建立物联网卡用户风险评估制度，评估未通过的，不得向其销售物联网卡；严格登记物联网卡用户身份信息；采取有效技术措施限定物联网卡开通功能、使用场景和适用设备。

单位用户从电信业务经营者购买物联网卡再将载有物联网卡的设备销售给其他用户的，应当核验和登记用户身份信息，并将销量、存量及用户实名信息传送给号码归属的电信业务经营者。

电信业务经营者对物联网卡的使用建立监测预警机制。对存在异常使用情形的，应当采取暂停服务、重新核验身份和使用场景或者其他合同约定的处置措施。

第十三条 电信业务经营者应当规范真实主叫号码传送和电信线路出租，对改号电话进行封堵拦截和溯源核查。

电信业务经营者应当严格规范国际通信业务出入口局主叫号码传送，真实、准确向用户提示来电号码所属国家或者地区，对网内和网间虚假主叫、不规范主叫进行识别、拦截。

第十四条 任何单位和个人不得非法制造、买卖、提供或者使用下列设备、软件：

（一）电话卡批量插入设备；

（二）具有改变主叫号码、虚拟拨号、互联网电话违规接入公用电信网络等功能的设备、软件；

（三）批量账号、网络地址自动切换系统，批量接收提供短信验证、语音验证的平台；

（四）其他用于实施电信网络诈骗等违法犯罪的设备、软件。

电信业务经营者、互联网服务提供者应当采取技术措施，及时识别、阻断前款规定的非法设备、软件接入网络，并向公安机关和相关行业主管部门报告。

第三章 金融治理

第十五条 银行业金融机构、非银行支付机构为客户开立银行账户、支付账户及提供支付结算服务，和与客户业务关系存续期间，应当建立客户尽职调查制度，依法识别受益所有人，采取相应风险管理措施，防范银行账户、支付账户等被用于电信网络诈骗活动。

第十六条 开立银行账户、支付账户不得超出国家有关规定限制的数量。

对经识别存在异常开户情形的，银行业金融机构、非银行支付机构有权加强核查或者拒绝开户。

中国人民银行、国务院银行业监督管理机构组织有关清算机构建立跨机构开户数量核验机制和风险信息共享机制，并为客户提供查询名下银行账户、支付账户的便捷渠道。银行业金融机构、非银行支付机构应当按照国家有关规定提供开户情况和有关风险信息。相关信息不得用于反电信网络诈骗以外的其他用途。

第十七条 银行业金融机构、非银行支付机构应当建立开立企业账户异常情形的风险防控机制。金融、电信、市场监管、税务等有关部门建立开立企业账户相关信息共享查询系统，提供联网核查服务。

市场主体登记机关应当依法对企业实名登记履行身份信息核验职责；依照规定对登记事项进行监督检查，对可能存在虚假登记、涉诈异常的企业重点监督检查，依法撤销登记的，依照前款的规定及时共享信息；为银行业金融机构、非银行支付机构进行客户尽职调查和依法识别受益所有人提供便利。

第十八条 银行业金融机构、非银行支付机构应当对银行账户、支付账户及支付结算服务加强监测，建立完善符合电信网络诈骗活动特征的异常账户和可疑交易监测机制。

中国人民银行统筹建立跨银行业金融机构、非银行支付机构的反洗钱统一监测系统，会同国务院公安部门完善与电信网络诈骗犯罪资金流转特点相适应的反洗钱可疑交易报告制度。

对监测识别的异常账户和可疑交易，银行业金融机构、非银行支付机构应当根据风险情况，采取核实交易情况、重新核验身份、延迟支付结算、限制或者中止有关业务等必要的防范措施。

银行业金融机构、非银行支付机构依照第一款规定开展异常账户和可疑交易监测时，可以收集异常客户互联网协议地址、网卡地址、支付受理终端信息等必要的交易信息、设备位置信息。上述信息未经客户授权，不得用于反电信网络诈骗以外的其他用途。

第十九条 银行业金融机构、非银行支付机构应当按照国家有关规定，完整、准确传输直接提供商品或者服务的商户名称、收付款客户名称及账号等交易信息，保证交易信息的真实、完整和支付全流程中的一致性。

第二十条　国务院公安部门会同有关部门建立完善电信网络诈骗涉案资金即时查询、紧急止付、快速冻结、及时解冻和资金返还制度，明确有关条件、程序和救济措施。

公安机关依法决定采取上述措施的，银行业金融机构、非银行支付机构应当予以配合。

第四章　互联网治理

第二十一条　电信业务经营者、互联网服务提供者为用户提供下列服务，在与用户签订协议或者确认提供服务时，应当依法要求用户提供真实身份信息，用户不提供真实身份信息的，不得提供服务：

（一）提供互联网接入服务；

（二）提供网络代理等网络地址转换服务；

（三）提供互联网域名注册、服务器托管、空间租用、云服务、内容分发服务；

（四）提供信息、软件发布服务，或者提供即时通讯、网络交易、网络游戏、网络直播发布、广告推广服务。

第二十二条　互联网服务提供者对监测识别的涉诈异常账号应当重新核验，根据国家有关规定采取限制功能、暂停服务等处置措施。

互联网服务提供者应当根据公安机关、电信主管部门要求，对涉案电话卡、涉诈异常电话卡所关联注册的有关互联网账号进行核验，根据风险情况，采取限期改正、限制功能、暂停使用、关闭账号、禁止重新注册等处置措施。

第二十三条　设立移动互联网应用程序应当按照国家有关规定向电信主管部门办理许可或者备案手续。

为应用程序提供封装、分发服务的，应当登记并核验应用程序开发运营者的真实身份信息，核验应用程序的功能、用途。

公安、电信、网信等部门和电信业务经营者、互联网服务提供者应当加强对分发平台以外途径下载传播的涉诈应用程序重点监测、及时处置。

第二十四条　提供域名解析、域名跳转、网址链接转换服务的，应当按照国家有关规定，核验域名注册、解析信息和互联网协议地址的真实性、准确性，规范域名跳转，记录并留存所提供相应服务的日志信息，支持实现对解析、跳转、转换记录的溯源。

第二十五条　任何单位和个人不得为他人实施电信网络诈骗活动提供下列支持或者帮助：

（一）出售、提供个人信息；

（二）帮助他人通过虚拟货币交易等方式洗钱；

（三）其他为电信网络诈骗活动提供支持或者帮助的行为。

电信业务经营者、互联网服务提供者应当依照国家有关规定，履行合理注意义务，对利用下列业务从事涉诈支持、帮助活动进行监测识别和处置：

（一）提供互联网接入、服务器托管、网络存储、通讯传输、线路出租、域名解析等网络资源服务；

（二）提供信息发布或者搜索、广告推广、引流推广等网络推广服务；

（三）提供应用程序、网站等网络技术、产品的制作、维护服务；

（四）提供支付结算服务。

第二十六条　公安机关办理电信网络诈骗案件依法调取证据的，互联网服务提供者应当及时提供技术支持和协助。

互联网服务提供者依照本法规定对有关涉诈信息、活动进行监测时，发现涉诈违法犯罪线索、风险信息的，应当依照国家有关规定，根据涉诈风险类型、程度情况移送公安、金融、电信、网信等部门。有关部门应当建立完善反馈机制，将相关情况及时告知移送单位。

第五章　综合措施

第二十七条　公安机关应当建立完善打击治理电信网络诈骗工作机制，加强专门队伍和专业技术建设，各警种、各地公安机关应当密切配合，依法有效惩处电信网络诈骗活动。

公安机关接到电信网络诈骗活动的报案或者发现电信网络诈骗活动，应当依照《中华人民共和国刑事诉讼法》的规定立案侦查。

第二十八条　金融、电信、网信部门依照职责对银行业金融机构、非银行支付机构、电信业务经营者、互联网服务提供者落实本法规定情况进行监督检查。有关监督检查活动应当依法规范开展。

第二十九条　个人信息处理者应当依照《中华人民共和国个人信息保护法》等法律规定，规范个人信息处理，加强个人信息保护，建立个人信息被用于电信网络诈骗的防范机制。

履行个人信息保护职责的部门、单位对可能被电信网络诈骗利用的物流信息、交易信息、贷款信息、医疗信息、婚介信息等实施重点保护。公安机关办理电信网络诈骗案件，应当同时查证犯罪所利用的个人信息来源，依法追究相关人员和单位责任。

第三十条 电信业务经营者、银行业金融机构、非银行支付机构、互联网服务提供者应当对从业人员和用户开展反电信网络诈骗宣传，在有关业务活动中对防范电信网络诈骗作出提示，对本领域新出现的电信网络诈骗手段及时向用户作出提醒，对非法买卖、出租、出借本人有关卡、账户、账号等被用于电信网络诈骗的法律责任作出警示。

新闻、广播、电视、文化、互联网信息服务等单位，应当面向社会有针对性地开展反电信网络诈骗宣传教育。

任何单位和个人有权举报电信网络诈骗活动，有关部门应当依法及时处理，对提供有效信息的举报人依照规定给予奖励和保护。

第三十一条 任何单位和个人不得非法买卖、出租、出借电话卡、物联网卡、电信线路、短信端口、银行账户、支付账户、互联网账号等，不得提供实名核验帮助；不得假冒他人身份或者虚构代理关系开立上述卡、账户、账号等。

对经设区的市级以上公安机关认定的实施前款行为的单位、个人和相关组织者，以及因从事电信网络诈骗活动或者关联犯罪受过刑事处罚的人员，可以按照国家有关规定记入信用记录，采取限制其有关卡、账户、账号等功能和停止非柜面业务、暂停新业务、限制入网等措施。对上述认定和措施有异议的，可以提出申诉，有关部门应当建立健全申诉渠道、信用修复和救济制度。具体办法由国务院公安部门会同有关主管部门规定。

第三十二条 国家支持电信业务经营者、银行业金融机构、非银行支付机构、互联网服务提供者研究开发有关电信网络诈骗反制技术，用于监测识别、动态封堵和处置涉诈异常信息、活动。

国务院公安部门、金融管理部门、电信主管部门和国家网信部门等应当统筹负责本行业领域反制技术措施建设，推进涉电信网络诈骗样本信息数据共享，加强涉诈用户信息交叉核验，建立有关涉诈异常信息、活动的监测识别、动态封堵和处置机制。

依据本法第十一条、第十二条、第十八条、第二十二条和前款规定，对涉诈异常情形采取限制、暂停服务等处置措施的，应当告知处置原因、救济渠道及需要提交的资料等事项，被处置对象可以向作出决定或者采取措施的部门、单位提出申诉。作出决定的部门、单位应当建立完善申诉渠道，及时受理申诉并核查，核查通过的，应当即时解除有关措施。

第三十三条 国家推进网络身份认证公共服务建设，支持个人、企业自愿使用，电信业务经营者、银行业金融机构、非银行支付机构、互联网服务提供者对存在涉诈异常的电话卡、银行账户、支付账户、互联网账号，可以通过国家网络身份认证公共服务对用户身份重新进行核验。

第三十四条 公安机关应当会同金融、电信、网信部门组织银行业金融机构、非银行支付机构、电信业务经营者、互联网服务提供者等建立预警劝阻系统，对预警发现的潜在被害人，根据情况及时采取相应劝阻措施。对电信网络诈骗案件应当加强追赃挽损，完善涉案资金处置制度，及时返还被害人的合法财产。对遭受重大生活困难的被害人，符合国家有关救助条件的，有关方面依照规定给予救助。

第三十五条 经国务院反电信网络诈骗工作机制决定或者批准，公安、金融、电信等部门对电信网络诈骗活动严重的特定地区，可以依照国家有关规定采取必要的临时风险防范措施。

第三十六条 对前往电信网络诈骗活动严重地区的人员，出境活动存在重大涉电信网络诈骗活动嫌疑的，移民管理机构可以决定不准其出境。

因从事电信网络诈骗活动受过刑事处罚的人员，设区的市级以上公安机关可以根据犯罪情况和预防再犯罪的需要，决定自处罚完毕之日起六个月至三年以内不准其出境，并通知移民管理机构执行。

第三十七条 国务院公安部门等会同外交部门加强国际执法司法合作，与有关国家、地区、国际组织建立有效合作机制，通过开展国际警务合作等方式，提升在信息交流、调查取证、侦查抓捕、追赃挽损等方面的合作水平，有效打击遏制跨境电信网络诈骗活动。

第六章　法 律 责 任

第三十八条 组织、策划、实施、参与电信网络诈骗活动或者为电信网络诈骗活动提供帮助，构成犯罪的，依法追究刑事责任。

前款行为尚不构成犯罪的，由公安机关处十日以上十五日以下拘留；没收违法所得，处违法所得一倍以上十倍以下罚款，没有违法所得或者违法所得不足一万元的，处十万元以下罚款。

第三十九条 电信业务经营者违反本法规定，有下列情形之一的，由有关主管部门责令改正，情节较轻的，给予警告、通报批评，或者处五万元以上五十万元以下罚款；情节严重的，处五十万元以上五百万元以下罚款，并可以由有关主管部门责令暂停相关业务、停业整顿、吊销相关业务许可证或者吊销营业执照，对其直接负责的主管人员和其他直接责任人员，处一万元以上二十万元以下罚款：

（一）未落实国家有关规定确定的反电信网络诈骗内部控制机制的；

（二）未履行电话卡、物联网卡实名制登记职责的；

（三）未履行对电话卡、物联网卡的监测识别、监测预警和相关处置职责的；

（四）未对物联网卡用户进行风险评估，或者未限定物联网卡的开通功能、使用场景和适用设备的；

（五）未采取措施对改号电话、虚假主叫或者具有相应功能的非法设备进行监测处置的。

第四十条 银行业金融机构、非银行支付机构违反本法规定，有下列情形之一的，由有关主管部门责令改正，情节较轻的，给予警告、通报批评，或者处五万元以上五十万元以下罚款；情节严重的，处五十万元以上五百万元以下罚款，并可以由有关主管部门责令停止新增业务、缩减业务类型或者业务范围、暂停相关业务、停业整顿、吊销相关业务许可证或者吊销营业执照，对其直接负责的主管人员和其他直接责任人员，处一万元以上二十万元以下罚款：

（一）未落实国家有关规定确定的反电信网络诈骗内部控制机制的；

（二）未履行尽职调查义务和有关风险管理措施的；

（三）未履行对异常账户、可疑交易的风险监测和相关处置义务的；

（四）未按照规定完整、准确传输有关交易信息的。

第四十一条 电信业务经营者、互联网服务提供者违反本法规定，有下列情形之一的，由有关主管部门责令改正，情节较轻的，给予警告、通报批评，或者处五万元以上五十万元以下罚款；情节严重的，处五十万元以上五百万元以下罚款，并可以由有关主管部门责令暂停相关业务、停业整顿、关闭网站或者应用程序、吊销相关业务许可证或者吊销营业执照，对其直接负责的主管人员和其他直接责任人员，处一万元以上二十万元以下罚款：

（一）未落实国家有关规定确定的反电信网络诈骗内部控制机制的；

（二）未履行网络服务实名制职责，或者未对涉案、涉诈电话卡关联注册互联网账号进行核验的；

（三）未按照国家有关规定，核验域名注册、解析信息和互联网协议地址的真实性、准确性，规范域名跳转，或者记录并留存所提供相应服务的日志信息的；

（四）未登记核验移动互联网应用程序开发运营者的真实身份信息或者未核验应用程序的功能、用途，为其提供应用程序封装、分发服务的；

（五）未履行对涉诈互联网账号和应用程序，以及其他电信网络诈骗信息、活动的监测识别和处置义务的；

（六）拒不依法为查处电信网络诈骗犯罪提供技术支持和协助，或者未按规定移送有关违法犯罪线索、风险信息的。

第四十二条　违反本法第十四条、第二十五条第一款规定的，没收违法所得，由公安机关或者有关主管部门处违法所得一倍以上十倍以下罚款，没有违法所得或者违法所得不足五万元的，处五十万元以下罚款；情节严重的，由公安机关并处十五日以下拘留。

第四十三条　违反本法第二十五条第二款规定，由有关主管部门责令改正，情节较轻的，给予警告、通报批评，或者处五万元以上五十万元以下罚款；情节严重的，处五十万元以上五百万元以下罚款，并可以由有关主管部门责令暂停相关业务、停业整顿、关闭网站或者应用程序，对其直接负责的主管人员和其他直接责任人员，处一万元以上二十万元以下罚款。

第四十四条　违反本法第三十一条第一款规定的，没收违法所得，由公安机关处违法所得一倍以上十倍以下罚款，没有违法所得或者违法所得不足二万元的，处二十万元以下罚款；情节严重的，并处十五日以下拘留。

第四十五条　反电信网络诈骗工作有关部门、单位的工作人员滥用职权、玩忽职守、徇私舞弊，或者有其他违反本法规定行为，构成犯罪的，依法追究刑事责任。

第四十六条　组织、策划、实施、参与电信网络诈骗活动或者为电信网络诈骗活动提供相关帮助的违法犯罪人员，除依法承担刑事责任、行政责任以外，造成他人损害的，依照《中华人民共和国民法典》等法律的规定承担民事责任。

电信业务经营者、银行业金融机构、非银行支付机构、互联网服务提供者等违反本法规定，造成他人损害的，依照《中华人民共和国民法典》等法律的规定承担民事责任。

第四十七条　人民检察院在履行反电信网络诈骗职责中，对于侵害国家利益和社会公共利益的行为，可以依法向人民法院提起公益诉讼。

第四十八条　有关单位和个人对依照本法作出的行政处罚和行政强制措施决定不服的，可以依法申请行政复议或者提起行政诉讼。

第七章　附　　则

第四十九条　反电信网络诈骗工作涉及的有关管理和责任制度，本法没有规定的，适用《中华人民共和国网络安全法》、《中华人民共和国个人信息保护法》、《中华人民共和国反洗钱法》等相关法律规定。

第五十条　本法自 2022 年 12 月 1 日起施行。

国务院办公厅关于进一步加强商品过度包装治理的通知

（2022年9月1日　国办发〔2022〕29号）

商品过度包装是指超出了商品保护、展示、储存、运输等正常功能要求的包装，主要表现为包装层数过多、包装空隙过大、包装成本过高、选材用料不当等。近年来，各地区、各部门按照《国务院办公厅关于治理商品过度包装工作的通知》（国办发〔2009〕5号）部署，认真推进商品过度包装治理，完善相关法律法规标准，取得积极进展。但治理工作仍存在不少薄弱环节和突出问题，尤其是随着消费新业态快速发展，商品过度包装现象有"卷土重来"之势。为贯彻落实党中央、国务院决策部署，进一步加强商品过度包装治理，经国务院同意，现就有关事项通知如下。

一、高度重视商品过度包装治理工作

各地区、各部门要以习近平新时代中国特色社会主义思想为指导，深入贯彻习近平生态文明思想，立足新发展阶段，完整、准确、全面贯彻新发展理念，构建新发展格局，推动高质量发展，认真贯彻落实固体废物污染环境防治法、消费者权益保护法、标准化法、价格法等法律法规和国家有关标准，充分认识进一步加强商品过度包装治理的重要性和紧迫性，在生产、销售、交付、回收等各环节明确工作要求，强化监管执法，健全标准体系，完善保障措施，坚决遏制商品过度包装现象，为促进生产生活方式绿色转型、加强生态文明建设提供有力支撑。到2025年，基本形成商品过度包装全链条治理体系，相关法律法规更加健全，标准体系更加完善，行业管理水平明显提升，线上线下一体化执法监督机制有效运行，商品过度包装治理能力显著增强。月饼、粽子、茶叶等重点商品过度包装违法行为得到有效遏制，人民群众获得感和满意度显著提升。

二、强化商品过度包装全链条治理

（一）加强包装领域技术创新。推动包装企业提供设计合理、用材节约、回收便利、经济适用的包装整体解决方案，自主研发低克重、高强度、功能化包装材料及其生产设备，创新研发商品和快递一体化包装产品。充分发挥包装企业在推广简约包装、倡导理性消费中的桥梁纽带作用，推动包装设计、商品生产等上下游各环节践行简约适度理念。（工业和信息化部和各地方人民政府按职责分工负责）

（二）防范商品生产环节过度包装。督促指导商品生产者严格按照限制商品过度包装强制性标准生产商品，细化限制商品过度包装的管理要求，建立完整的商品包装信息档案，记录商品包装的设计、制造、使用等信息。引导商品生产者使用简约包装，优化商品包装设计，减少商品包装层数、材料、成本，减少包装体积、重量，减少油墨印刷，采用单一材料或便于分离的材料。（工业和信息化部、市场监管总局等部门和各地方人民政府按职责分工负责）督促商品生产者严格遵守标准化法要求，公开其执行的包装有关强制性标准、推荐性标准、团体标准或企业标准的编号和名称。（市场监管总局和各地方人民政府按职责分工负责）引导医疗机构针对门诊、住院、慢性病等不同场景和类型提出药品包装规格需求。引导药品生产者优化药品包装规格。（国家卫生健康委、国家药监局和各地方人民政府按职责分工负责）

（三）避免销售过度包装商品。督促指导商品销售者细化采购、销售环节限制商品过度包装有关要求，明确不销售违反限制商品过度包装强制性标准的商品。加强对电商企业的督促指导，实现线上线下要求一致。鼓励商品销售者向供应方提出有关商品绿色包装和简约包装要求。（商务部、市场监管总局和各地方人民政府按职责分工负责）督促指导外卖平台企业完善平台规则，对平台内经营者提出外卖包装减量化要求。（商务部负责）督促指导餐饮经营者对外卖包装依法明码标价。（市场监管总局和各地方人民政府按职责分工负责）

（四）推进商品交付环节包装减量化。指导寄递企业制修订包装操作规范，细化限制快递过度包装要求，并通过规范作业减少前端收寄环节的过度包装。鼓励寄递企业使用低克重、高强度的纸箱、免胶纸箱，通过优化包装结构减少填充物使用量。（国家邮政局和各地方人民政府按职责分工负责）推行快递包装绿色产品认证，推广使用绿色快递包装。（国家邮政局、市场监管总局负责）督促指导电商平台企业加强对平台内经营者的引导，提出快递包装减量化要求。（商务部负责）督促指导电商企业加强上下游协同，设计并应用满足快递物流配送需求的电商商品包装，推广电商快件原装直发。（商务部、国家邮政局、工业和信息化部按职责分工负责）

（五）加强包装废弃物回收和处置。进一步完善再生资源回收体系，鼓励各地区以市场化招商等方式引进专业化回收企业，提高包装废弃物回收水平。鼓励商品销售者与供应方订立供销合同时对商品包装废弃物回收作出约定。

（商务部和各地方人民政府按职责分工负责）进一步完善生活垃圾清运体系，持续推进生活垃圾分类工作，健全与生活垃圾源头分类投放相匹配的分类收集、分类运输体系，加快分类收集设施建设，配齐分类运输设备，提高垃圾清运水平。（住房城乡建设部和各地方人民政府按职责分工负责）

三、加大监管执法力度

（六）加强行业管理。进一步细化商品生产、销售、交付等环节限制过度包装配套政策。加强对电商、快递、外卖等行业的监督管理，督促指导相关行业优先采用可重复使用、易回收利用的包装物，优化物品包装，减少包装物的使用。督促生产经营者落实国家限制过度包装相关法律标准，将该项任务纳入年度工作计划及有关部署，及时掌握本行业过度包装情况，建立提示、警示、约谈等行政指导机制。（工业和信息化部、农业农村部、商务部、市场监管总局、国家邮政局等部门按职责分工负责）

（七）强化执法监督。针对重要节令、重点行业和重要生产经营企业，聚焦月饼、粽子、茶叶、保健食品、化妆品等重点商品，依法严格查处生产、销售过度包装商品的违法行为，尤其要查处链条性、隐蔽性案件。对酒店、饭店等提供高端化定制化礼品中的过度包装行为，以及假借文创名义的商品过度包装行为，依法从严查处。压实电商平台企业主体责任，督促其加强平台内经营者主体资质和商品信息审核并积极配合监管执法。坚持线上线下一体化监管，建立健全对电商渠道销售过度包装商品的常态化监管执法机制，依法查处线上销售过度包装商品的违法行为。畅通消费者投诉渠道，对消费者反映强烈的突出问题，依法从严查处。加强对企业公开其执行包装有关标准情况的执法检查。适时向社会曝光反面案例。（市场监管总局等部门和各地方人民政府按职责分工负责）及时对落实限制商品过度包装强制性标准进展滞后的地区予以督促整改，对落实成效显著的地区予以通报表扬。（市场监管总局负责）及时组织开展商品过度包装治理进展情况社会满意度调查。（国家发展改革委负责）通过“双随机、一公开”等方式对寄递企业进行过度包装执法检查，组织快递过度包装专项抽查，强化快递包装质量监督。（国家邮政局和各地方人民政府按职责分工负责）

四、完善支撑保障体系

（八）健全法律法规。研究推动循环经济促进法等法律法规与固体废物污染环境防治法有效衔接，进一步强化市场主体法律责任，提高违法成本。（国家发展改革委、司法部等部门按职责分工负责）研究修订《快递暂行条例》，细化限制快递过度包装管理和处罚要求。（国家邮政局、司法部按职责分工负责）鼓励有条件的地方制修订限制商品过度包装地方法规。（各地方人民政府

负责）

（九）完善标准体系。制定食用农产品限制过度包装强制性标准，明确水果等食用农产品过度包装判定依据。（市场监管总局、农业农村部按职责分工负责）适时修订食品和化妆品限制过度包装强制性标准，进一步细化有关要求。（市场监管总局、工业和信息化部按职责分工负责）制定限制快递过度包装强制性标准。（市场监管总局、国家邮政局按职责分工负责）修订限制商品过度包装通则标准，提出更适用的要求。针对玩具及婴童用品、电子产品等领域，制定推行简约包装和限制过度包装的推荐性国家标准，明确判定过度包装的依据，引导包装减量化。（市场监管总局负责）制定电子商务物流绿色包装技术和管理方面的行业标准。（商务部负责）建立强制性标准实施情况统计分析报告制度，面向产业集聚区开展包装强制性标准实施情况统计分析试点，动态反馈和评估实施效果，不断强化标准实施。（市场监管总局负责）

（十）强化政策支持。将商品过度包装、快递过度包装执法检查所需经费纳入本级财政预算，保障执法检查工作有序开展。（各地方人民政府负责）安排中央预算内投资支持符合条件的可循环快递包装配送体系建设、专业化智能化回收设施建设等项目。（国家发展改革委负责）完善政府绿色采购政策，进一步细化商品包装政府采购需求标准，研究明确强制采购要求，发挥政府采购引导作用。（财政部负责）依托国家重点研发计划项目部署开展快递包装绿色设计、低能耗智能物流配送等方面技术研发。（科技部负责）

（十一）加强行业自律。督促指导食品和化妆品生产领域主要行业协会定期向社会发布杜绝商品过度包装报告，公布行业遵守相关法律法规标准和推广简约包装情况。（工业和信息化部等部门负责）加强限制商品过度包装法律法规标准宣贯培训，将限制商品过度包装纳入行业经营自律规范、自律公约，引导重点生产和销售企业带头推广简约包装，积极向社会公布商品包装情况。（相关行业协会负责）

五、强化组织实施

（十二）加强部门协同。国务院有关部门要各司其职、各负其责，加大指导、支持和督促力度，确保各项任务落实到位。国家发展改革委、市场监管总局、工业和信息化部、农业农村部、商务部、国家邮政局等有关部门要建立工作会商机制，加强统筹协调，强化政策衔接，及时沟通进展情况，研究解决重大问题，重大情况及时按程序向国务院请示报告。（各有关部门按职责分工负责）

（十三）落实地方责任。地方各级人民政府是商品过度包装治理工作的责任主体，要严格落实责任，健全工作机制，加强组织实施，将治理商品过度包装作为生态文明建设的重要内容抓实抓好，可结合实际研究制定针对性配套措

施。(各地方人民政府负责)

(十四)加强宣传教育。按照“谁执法谁普法”普法责任制要求,积极开展限制过度包装普法宣传教育。通过报纸、广播电视、新媒体等渠道,大力宣传限制商品过度包装的标准和政策,加强正面宣传,积极报道典型做法、先进单位和个人,营造良好社会氛围。发挥媒体监督作用,加强对违法违规问题的曝光。鼓励消费者绿色消费,购买简约包装商品。各级行政机关、社会团体、事业单位、国有企业要带头自觉抵制过度包装商品。(中央宣传部等部门和各地方人民政府按职责分工负责)

国务院办公厅关于进一步优化营商环境降低市场主体制度性交易成本的意见

(2022 年 9 月 7 日　国办发〔2022〕30 号)

优化营商环境、降低制度性交易成本是减轻市场主体负担、激发市场活力的重要举措。当前,经济运行面临一些突出矛盾和问题,市场主体特别是中小微企业、个体工商户生产经营困难依然较多,要积极运用改革创新办法,帮助市场主体解难题、渡难关、复元气、增活力,加力巩固经济恢复发展基础。为深入贯彻党中央、国务院决策部署,打造市场化法治化国际化营商环境,降低制度性交易成本,提振市场主体信心,助力市场主体发展,为稳定宏观经济大盘提供有力支撑,经国务院同意,现提出以下意见。

一、进一步破除隐性门槛,推动降低市场主体准入成本

(一)全面实施市场准入负面清单管理。健全市场准入负面清单管理及动态调整机制,抓紧完善与之相适应的审批机制、监管机制,推动清单事项全部实现网上办理。稳步扩大市场准入效能评估范围,2022 年 10 月底前,各地区各部门对带有市场准入限制的显性和隐性壁垒开展清理,并建立长效排查机制。深入实施外商投资准入前国民待遇加负面清单管理制度,推动出台全国版跨境服务贸易负面清单。(国家发展改革委、商务部牵头,国务院相关部门及各地区按职责分工负责)

(二)着力优化工业产品管理制度。规范工业产品生产、流通、使用等环节涉及的行政许可、强制性认证管理。推行工业产品系族管理,结合开发设计新产品的具体情形,取消或优化不必要的行政许可、检验检测和认证。2022 年 10 月底前,选择部分领域探索开展企业自检自证试点。推动各地区完善工业生产许可证审批管理系统，建设一批标准、计量、检验检测、认证、产品鉴定等质量基础设施一站式服务平台，实现相关审批系统与质量监督管理平台互联互通、相关质量技术服务结果通用互认，推动工业产品快速投产上市。开展工业产品质量安全信用分类监管，2022 年底前，研究制定生产企业质量信用评价规范。（市场监管总局牵头，工业和信息化部等国务院相关部门及各地区按职责分工负责）

（三）规范实施行政许可和行政备案。2022 年底前，国务院有关部门逐项制定中央层面设定的行政许可事项实施规范，省、市、县级编制完成本级行政许可事项清单及办事指南。深入推进告知承诺等改革，积极探索“一业一证”改革，推动行政许可减环节、减材料、减时限、减费用。在部分地区探索开展审管联动试点，强化事前事中事后全链条监管。深入开展行政备案规范管理改革试点，研究制定关于行政备案规范管理的政策措施。（国务院办公厅牵头，国务院相关部门及各地区按职责分工负责）

（四）切实规范政府采购和招投标。持续规范招投标主体行为，加强招投标全链条监管。2022 年 10 月底前，推动工程建设领域招标、投标、开标等业务全流程在线办理和招投标领域数字证书跨地区、跨平台互认。支持地方探索电子营业执照在招投标平台登录、签名、在线签订合同等业务中的应用。取消各地区违规设置的供应商预选库、资格库、名录库等，不得将在本地注册企业或建设生产线、采购本地供应商产品、进入本地扶持名录等与中标结果挂钩，着力破除所有制歧视、地方保护等不合理限制。政府采购和招投标不得限制保证金形式，不得指定出具保函的金融机构或担保机构。督促相关招标人、招标代理机构、公共资源交易中心等及时清退应退未退的沉淀保证金。（国家发展改革委、财政部、市场监管总局等国务院相关部门及各地区按职责分工负责）

（五）持续便利市场主体登记。2022 年 10 月底前，编制全国统一的企业设立、变更登记规范和审查标准，逐步实现内外资一体化服务，有序推动外资企业设立、变更登记网上办理。全面清理各地区非法设置的企业跨区域经营和迁移限制。简化企业跨区域迁移涉税涉费等事项办理程序，2022 年底前，研究制定企业异地迁移档案移交规则。健全市场主体歇业制度，研究制定税务、社保等配套政策。进一步提升企业注销“一网服务”水平，优化简易注销和普通注销办理程序。（人力资源社会保障部、税务总局、市场监管总局、国家档案局等国务院相关部门及各地区按职责分工负责）

二、进一步规范涉企收费，推动减轻市场主体经营负担

（六）严格规范政府收费和罚款。严格落实行政事业性收费和政府性基金

目录清单，依法依规从严控制新设涉企收费项目，严厉查处强制摊派、征收过头税费、截留减税降费红利、违规设置罚款项目、擅自提高罚款标准等行为。严格规范行政处罚行为，进一步清理调整违反法定权限设定、过罚不当等不合理罚款事项，抓紧制定规范罚款设定和实施的政策文件，坚决防止以罚增收、以罚代管、逐利执法等行为。2022年底前，完成涉企违规收费专项整治，重点查处落实降费减负政策不到位、不按要求执行惠企收费政策等行为。（国家发展改革委、工业和信息化部、司法部、财政部、税务总局、市场监管总局等国务院相关部门及各地区按职责分工负责）

（七）推动规范市政公用服务价外收费。加强水、电、气、热、通信、有线电视等市政公用服务价格监管，坚决制止强制捆绑搭售等行为，对实行政府定价、政府指导价的服务和收费项目一律实行清单管理。2022年底前，在全国范围内全面推行居民用户和用电报装容量160千瓦及以下的小微企业用电报装"零投资"。全面公示非电网直供电价格，严厉整治在电费中违规加收其他费用的行为，对符合条件的终端用户尽快实现直供到户和"一户一表"。督促商务楼宇管理人等及时公示宽带接入市场领域收费项目，严肃查处限制进场、未经公示收费等违法违规行为。（国家发展改革委、工业和信息化部、住房城乡建设部、市场监管总局、国家能源局、国家电网有限公司等相关部门和单位及各地区按职责分工负责）

（八）着力规范金融服务收费。加快健全银行收费监管长效机制，规范银行服务市场调节价管理，加强服务外包与服务合作管理，设定服务价格行为监管红线，加快修订《商业银行服务价格管理办法》。鼓励银行等金融机构对小微企业等予以合理优惠，适当减免账户管理服务等收费。坚决查处银行未按照规定进行服务价格信息披露以及在融资服务中不落实小微企业收费优惠政策、转嫁成本、强制捆绑搭售保险或理财产品等行为。鼓励证券、基金、担保等机构进一步降低服务收费，推动金融基础设施合理降低交易、托管、登记、清算等费用。（国家发展改革委、人民银行、市场监管总局、银保监会、证监会等国务院相关部门及各地区按职责分工负责）

（九）清理规范行业协会商会收费。加大对行业协会商会收费行为的监督检查力度，进一步推动各级各类行业协会商会公示收费信息，严禁行业协会商会强制企业到特定机构检测、认证、培训等并获取利益分成，或以评比、表彰等名义违规向企业收费。研究制定关于促进行业协会商会健康规范发展的政策措施，加强行业协会商会收费等规范管理，发挥好行业协会商会在政策制定、行业自治、企业权益维护中的积极作用。2022年10月底前，完成对行业协会商会违规收费清理整治情况"回头看"。（国家发展改革委、民政部、市场监管总

局等国务院相关部门及各地区按职责分工负责)

(十)推动降低物流服务收费。强化口岸、货场、专用线等货运领域收费监管,依法规范船公司、船代公司、货代公司等收费行为。明确铁路、公路、水路、航空等运输环节的口岸物流作业时限及流程,加快推动大宗货物和集装箱中长距离运输"公转铁"、"公转水"等多式联运改革,推进运输运载工具和相关单证标准化,在确保安全规范的前提下,推动建立集装箱、托盘等标准化装载器具循环共用体系。2022 年 11 月底前,开展不少于 100 个多式联运示范工程建设,减少企业重复投入,持续降低综合运价水平。(国家发展改革委、交通运输部、商务部、市场监管总局、国家铁路局、中国民航局、中国国家铁路集团有限公司等相关部门和单位及各地区按职责分工负责)

三、进一步优化涉企服务,推动降低市场主体办事成本

(十一)全面提升线上线下服务能力。加快建立高效便捷、优质普惠的市场主体全生命周期服务体系,全面提高线下"一窗综办"和线上"一网通办"水平。聚焦企业和群众"办好一件事",积极推行企业开办注销、不动产登记、招工用工等高频事项集成化办理,进一步减少办事环节。依托全国一体化政务服务平台,加快构建统一的电子证照库,明确各类电子证照信息标准,推广和扩大电子营业执照、电子合同、电子签章等应用,推动实现更多高频事项异地办理、"跨省通办"。(国务院办公厅牵头,国务院相关部门及各地区按职责分工负责)

(十二)持续优化投资和建设项目审批服务。优化压覆矿产、气候可行性、水资源论证、防洪、考古等评估流程,支持有条件的地方开展区域综合评估。探索利用市场机制推动城镇低效用地再开发,更好盘活存量土地资源。分阶段整合各类测量测绘事项,推动统一测绘标准和成果形式,实现同一阶段"一次委托、成果共享"。探索建立部门集中联合办公、手续并联办理机制,依法优化重大投资项目审批流程,对用地、环评等投资审批有关事项,推动地方政府根据职责权限试行承诺制,提高审批效能。2022 年 10 月底前,建立投资主管部门与金融机构投融资信息对接机制,为重点项目快速落地投产提供综合金融服务。2022 年 11 月底前,制定工程建设项目审批标准化规范化管理措施。2022 年底前,实现各地区工程建设项目审批管理系统与市政公用服务企业系统互联、信息共享,提升水、电、气、热接入服务质量。(国家发展改革委、自然资源部、生态环境部、住房城乡建设部、水利部、人民银行、银保监会、国家能源局、国家文物局、国家电网有限公司等相关部门和单位及各地区按职责分工负责)

(十三)着力优化跨境贸易服务。进一步完善自贸协定综合服务平台功能，助力企业用好区域全面经济伙伴关系协定等规则。拓展“单一窗口”的“通关+物流”、“外贸+金融”功能，为企业提供通关物流信息查询、出口信用保险办理、跨境结算融资等服务。支持有关地区搭建跨境电商一站式服务平台，为企业提供优惠政策申报、物流信息跟踪、争端解决等服务。探索解决跨境电商退换货难问题，优化跨境电商零售进口工作流程，推动便捷快速通关。2022 年底前，在国内主要口岸实现进出口通关业务网上办理。（交通运输部、商务部、人民银行、海关总署、国家外汇局等国务院相关部门及各地区按职责分工负责）

（十四）切实提升办税缴费服务水平。全面推行电子非税收入一般缴款书，推动非税收入全领域电子收缴、“跨省通缴”，便利市场主体缴费办事。实行汇算清缴结算多缴退税和已发现的误收多缴退税业务自动推送提醒、在线办理。推动出口退税全流程无纸化。进一步优化留抵退税办理流程，简化退税审核程序，强化退税风险防控，确保留抵退税安全快捷直达纳税人。拓展“非接触式”办税缴费范围，推行跨省异地电子缴税、行邮税电子缴库服务，2022 年 11 月底前，实现 95%税费服务事项“网上办”。2022 年底前，实现电子发票无纸化报销、入账、归档、存储等。（财政部、人民银行、税务总局、国家档案局等国务院相关部门及各地区按职责分工负责）

（十五）持续规范中介服务。清理规范没有法律、法规、国务院决定依据的行政许可中介服务事项，建立中央和省级行政许可中介服务事项清单。鼓励各地区依托现有政务服务系统提供由省级统筹的网上中介超市服务，吸引更多中介机构入驻，坚决整治行政机关指定中介机构垄断服务、干预市场主体选取中介机构等行为，依法查处中介机构强制服务收费等行为。全面实施行政许可中介服务收费项目清单管理，清理规范环境检测、招标代理、政府采购代理、产权交易、融资担保评估等涉及的中介服务违规收费和不合理收费。（国务院办公厅、国家发展改革委、市场监管总局等国务院相关部门及各地区按职责分工负责）

（十六）健全惠企政策精准直达机制。2022 年底前，县级以上政府及其有关部门要在门户网站、政务服务平台等醒目位置设置惠企政策专区，汇集本地区本领域市场主体适用的惠企政策。加强涉企信息归集共享，对企业进行分类“画像”，推动惠企政策智能匹配、快速兑现。鼓励各级政务服务大厅设立惠企政策集中办理窗口，积极推动地方和部门构建惠企政策移动端服务体系，提供在线申请、在线反馈、应享未享提醒等服务，确保财政补贴、税费减免、稳岗扩岗等惠企政策落实到位。（各地区、各部门负责）

四、进一步加强公正监管，切实保护市场主体合法权益

（十七）创新实施精准有效监管。进一步完善监管方式，全面实施跨部门联合“双随机、一公开”监管，推动监管信息共享互认，避免多头执法、重复检查。加快在市场监管、税收管理、进出口等领域建立健全信用分级分类监管制度，依据风险高低实施差异化监管。积极探索在安全生产、食品安全、交通运输、生态环境等领域运用现代信息技术实施非现场监管，避免对市场主体正常生产经营活动的不必要干扰。（国务院办公厅牵头，国务院相关部门及各地区按职责分工负责）

（十八）严格规范监管执法行为。全面提升监管透明度，2022年底前，编制省、市两级监管事项目录清单。严格落实行政执法三项制度，建立违反公平执法行为典型案例通报机制。建立健全行政裁量权基准制度，防止任性执法、类案不同罚、过度处罚等问题。坚决杜绝“一刀切”、“运动式”执法，严禁未经法定程序要求市场主体普遍停产停业。在市场监管、城市管理、应急管理、消防安全、交通运输、生态环境等领域，制定完善执法工作指引和标准化检查表单，规范日常监管行为。（国务院办公厅牵头，国务院相关部门及各地区按职责分工负责）

（十九）切实保障市场主体公平竞争。全面落实公平竞争审查制度，2022年10月底前，组织开展制止滥用行政权力排除、限制竞争执法专项行动。细化垄断行为和不正当竞争行为认定标准，加强和改进反垄断与反不正当竞争执法，依法查处恶意补贴、低价倾销、设置不合理交易条件等行为，严厉打击“搭便车”、“蹭流量”等仿冒混淆行为，严格规范滞压占用经营者保证金、交易款等行为。（国家发展改革委、司法部、人民银行、国务院国资委、市场监管总局等国务院相关部门及各地区按职责分工负责）

（二十）持续加强知识产权保护。严格知识产权管理，依法规范非正常专利申请行为，及时查处违法使用商标和恶意注册申请商标等行为。完善集体商标、证明商标管理制度，规范地理标志集体商标注册及使用，坚决遏制恶意诉讼或变相收取“会员费”、“加盟费”等行为，切实保护小微商户合法权益。健全大数据、人工智能、基因技术等新领域、新业态知识产权保护制度。加强对企业海外知识产权纠纷应对的指导，2022年底前，发布海外重点国家商标维权指南。（最高人民法院、民政部、市场监管总局、国家知识产权局等相关部门和单位及各地区按职责分工负责）

五、进一步规范行政权力，切实稳定市场主体政策预期

（二十一）不断完善政策制定实施机制。建立政府部门与市场主体、行业协会商会常态化沟通平台，及时了解、回应企业诉求。制定涉企政策要严格落实评估论证、公开征求意见、合法性审核等要求，重大涉企政策出台前要充分听取相关企业意见。2022 年 11 月底前，开展行政规范性文件合法性审核机制落实情况专项监督工作。切实发挥中国政府网网上调研平台及各级政府门户网站意见征集平台作用，把握好政策出台和调整的时度效，科学设置过渡期等缓冲措施，避免“急转弯”和政策“打架”。各地区在制定和执行城市管理、环境保护、节能减排、安全生产等方面政策时，不得层层加码、加重市场主体负担。建立健全重大政策评估评价制度，政策出台前科学研判预期效果，出台后密切监测实施情况，2022 年底前，在重大项目投资、科技、生态环境等领域开展评估试点。（各地区、各部门负责）

（二十二）着力加强政务诚信建设。健全政务守信践诺机制，各级行政机关要抓紧对依法依规作出但未履行到位的承诺列明清单，明确整改措施和完成期限，坚决纠正“新官不理旧账”、“击鼓传花”等政务失信行为。2022 年底前，落实逾期未支付中小企业账款强制披露制度，将拖欠信息列入政府信息主动公开范围。开展拖欠中小企业账款行为集中治理，严肃问责虚报还款金额或将无分歧欠款做成有争议欠款的行为，清理整治通过要求中小企业接受指定机构债务凭证或到指定机构贴现进行不当牟利的行为，严厉打击虚假还款或以不签合同、不开发票、不验收等方式变相拖欠的行为。鼓励各地区探索建立政务诚信诉讼执行协调机制，推动政务诚信履约。（最高人民法院、国务院办公厅、国家发展改革委、工业和信息化部、司法部、市场监管总局等相关部门和单位及各地区按职责分工负责）

（二十三）坚决整治不作为乱作为。各地区各部门要坚决纠正各种懒政怠政等不履职和重形式不重实绩等不正确履职行为。严格划定行政权力边界，没有法律法规依据，行政机关出台政策不得减损市场主体合法权益。各地区要建立健全营商环境投诉举报和问题线索核查处理机制，充分发挥 12345 政务服务便民热线、政务服务平台等渠道作用，及时查处市场主体和群众反映的不作为乱作为问题，切实加强社会监督。国务院办公厅要会同有关方面适时通报损害营商环境典型案例。（各地区、各部门负责）

各地区各部门要认真贯彻落实党中央、国务院决策部署，加强组织实施、强化协同配合，结合工作实际加快制定具体配套措施，确保各项举措落地见效，为各类市场主体健康发展营造良好环境。国务院办公厅要加大协调督促力度，及时总结推广各地区各部门经验做法，不断扩大改革成效。

国务院办公厅关于深化电子电器行业管理制度改革的意见

（2022年9月17日　国办发〔2022〕31号）

深化电子电器行业管理制度改革，进一步破除制约行业高质量发展的体制机制障碍，提高政府监管效能，对于更好激发市场主体活力、促进产业转型升级和技术创新、培育壮大经济发展新动能具有重要意义。为进一步优化电子电器行业管理制度，促进电子电器行业高质量发展，经国务院同意，现提出以下意见。

一、指导思想

坚持以习近平新时代中国特色社会主义思想为指导，全面贯彻党的十九大和十九届历次全会精神，认真落实党中央、国务院关于深化“放管服”改革优化营商环境的决策部署，完整、准确、全面贯彻新发展理念，加快构建新发展格局，全流程优化电子电器行业生产准入和流通管理，加强事前事中事后全链条全领域监管，大幅降低制度性交易成本，激发企业创新动力和发展活力，促进技术产品研发创新和市场公平竞争，切实维护电子电器相关产业链供应链安全稳定，加快推动电子电器行业高质量发展。

二、优化电子电器产品准入管理制度

（一）改革完善电子电器产品强制性认证制度。根据技术和产品发展实际情况，动态调整强制性产品认证目录。将安全风险较高的锂离子电池、电源适配器/充电器纳入强制性认证管理，对安全风险较低、技术较为成熟的数据终端、多媒体终端等9种产品不再实行强制性认证管理（见附件1）。调整优化强制性认证程序，按“双随机、一公开”方式开展获证前工厂检查，结合企业信用状况、产品质量国家监督抽查情况等因素科学合理确定获证后的监督检查频次，加强产品一致性监督检查，不断提升监管效能。（市场监管总局负责）

（二）改革完善电信设备进网许可制度。动态调整实行进网许可制度的电信设备目录。将卫星互联网设备、功能虚拟化设备纳入进网许可管理，对与电信安全关联较小、技术较为成熟的固定电话终端、传真机等11种电信设备不再实行进网许可管理（见附件2）。精简优化进网许可检测项目，相应降低检测收费标准。将进网许可的审批承诺时限压减至15个工作日。将进网试用批文的有效期由1年延长至2年。推行进网许可标志电子化，逐步替代纸质标志贴签，不再要求电信设备产品包装、内置信息、广告等处标注进网许可证编号，便利产品取得进网许可后尽快上市，但产品取得进网许可前不得销售或者使用。实行电信设备产品系族管理，对取得进网许可的产品，持证企业新增、变更委托生产企业，或者进行不改变主要功能、核心元器件的技术和外型改动的，无需重新办理检测和许可。（工业和信息化部负责）统一电信设备进网许可和强制性认证电磁兼容（EMC）检测要求，企业申办许可和认证时只需进行一次检测，检测报告相互承认。（工业和信息化部、市场监管总局按职责分工负责）

（三）优化无线电发射设备型号核准制度。将无线电发射设备型号核准的审批承诺时限压减至 15 个工作日。除受限于无线电频率规划调整和频率使用许可期限要求外，将《无线电发射设备型号核准证》有效期限短于 2 年的延长至 2 年以上。优化无线电发射设备型号核准代码编码模式，工业和信息化部制定发布编码规则，由企业自主按照编码规则编制核准代码，便利企业安排生产计划，但产品取得型号核准前不得销售或者使用。（工业和信息化部负责）

（四）推动电子电器产品准入自检自证。2022 年底前确定一批条件完备、具有良好质量管理水平和信用的电信设备、无线电发射设备、信息技术设备和家用电器生产企业开展自检自证试点。试点企业申请办理电信设备进网许可、无线电发射设备型号核准、强制性认证时，除网络安全等特殊检测项目外，可以采用本企业检测报告替代第三方检测报告；可以在作出相关承诺的前提下，免于提交本企业或者其委托生产企业的生产能力、技术力量、质量保证体系方面的申请材料。自检自证开展情况向社会公示，接受社会和行业监督。根据试点效果，逐步推广电子电器产品准入自检自证制度。（工业和信息化部、市场监管总局按职责分工负责）

（五）深化广播电视设备器材入网认定制度改革。动态调整广播电视设备器材入网认定品种，逐步减少线缆、分配网络器材等品种入网认定管理，对标清类设备等不再实行入网认定管理。全面推行入网认定电子证件，取代入网认定纸质证书。（广电总局负责）

三、整合绿色产品评定认证制度

（六）精简整合节能评定认证制度。持续规范能效标识制度，鼓励企业不断提升产品能源效率。取消能效“领跑者”产品遴选制度、“能效之星”产品评价制度。将节能产品认证制度、低碳产品认证制度整合为节能低碳产品认证制度。节能低碳产品标准由有关部门共同制定，认证规则由市场监管总局牵头制定。通过节能低碳产品认证的产品，在政府采购中按规定享受优先采购或者强制采购政策，符合相关地方奖补政策的按规定享受。（国家发展改革委、工业和信息化部、财政部、生态环境部、市场监管总局和各省级人民政府按职责分工负责）

（七）加快构建统一的绿色产品认证与标识体系。统筹环境标志认证、节能低碳产品认证、节水产品认证、可再生能源产品认证和绿色设计产品评价制度，纳入绿色产品认证与标识体系实行统一管理，实施绿色产品全项认证或者分项认证。市场监管总局会同国家发展改革委、工业和信息化部、生态环境部等有关部门统一发布绿色产品标识、评价标准清单和认证目录。认证机构应当根据企业需求，依据纳入绿色产品评价标准清单的标准开展全项认证，并采信分项认证结果，避免重复检测和认证。在具备条件的领域，增加企业自我声明的评价方式。在已开展绿色产品认证的领域，政府采购按规定优先采购或者强制采购具备绿色产品标识的产品。（市场监管总局、国家发展改革委、工业和信息化部、财政部、生态环境部、水利部、商务部、国家能源局按职责分工负责）除法律、行政法规、国务院决定明确规定外，各地区、各部门不得在绿色产品认证与标识体系之外设定和实施涉及产品节约能源、节约资源、环境保护、低碳、绿色等方面的认定、认证、评比、评价、评选、标识等制度。（各地区、各部门负责）

四、完善支持基础电子产业高质量发展的制度体系

（八）加大基础电子产业研发创新支持力度。统筹有关政策资源，加大对基础电子产业（电子材料、电子元器件、电子专用设备、电子测量仪器等制造业）升级及关键技术突破的支持力度。通过实行“揭榜挂帅”等机制，鼓励相关行业科研单位、基础电子企业承担国家重大研发任务。引导建立以行业企业为主体、上下游相关企业积极参与、科研院所有力支撑的研发体系，重点支持发展技术门槛高、应用场景多、市场前景广的前沿技术和产品。（科技部、工业和信息化部、国家发展改革委按职责分工负责）

（九）优化基础电子产品应用制度。结合基础电子产品发展实际，动态调整重点新材料首批次应用示范指导目录、首台（套）重大技术装备推广应用指导目录，加大对基础电子产品的支持力度。（工业和信息化部、财政部、银保监会按职责分工负责）基础电子产品生产企业参与武器装备科研生产及配套的，企业无需就电子元器件办理武器装备科研生产许可，需要办理武器装备科研生产备案的，应当及时办理。（国家国防科工局、工业和信息化部按职责分工负责）

（十）完善基础电子产业投融资制度。发挥国家制造业转型升级基金、中小企业发展基金等政府投资基金引导作用，按照市场化原则，对符合条件的基础电子企业加大支持力度，鼓励有关地方投资基金和社会资本投资，着力培育行业优质企业，支持产业链“链主”企业、制造业单项冠军企业和“专精特新”中小企业发展。（工业和信息化部、财政部、国家发展改革委按职责分工负责）鼓励各类金融机构创新金融产品和服务，加大对基础电子产业的金融支持力度。（人民银行、银保监会按职责分工负责）支持符合条件的基础电子企业上市融资。（证监会负责）

（十一）加大基础电子产业研发制造用地支持力度。支持基础电子企业研发制造新型基础电子产品，在符合国土空间规划的前提下，允许在工业项目建设用地上通过调整用地结构，增加配套研发、设计、测试、中试设施，建筑面积不超过总建筑面积15%的，可继续按原用途使用土地。（自然资源部负责）

五、优化电子电器行业流通管理制度

（十二）完善电子电器行业相关进出口管理制度。深入落实出口退税、出口信用保险等外贸政策，扩大出口信贷投放，鼓励电子电器行业企业发展跨境电商。（财政部、商务部、人民银行、税务总局、银保监会、进出口银行、中国出口信用保险公司按职责分工负责）为支持电子电器行业企业配套出口项目相关设备、仪器暂时出境，工业和信息化部制定相关货物清单，海关将清单中货物的复运进境期限由最长2年改为5年。（海关总署、工业和信息化部按职责分工负责）加强电子电器产品质量安全风险监测评估，进一步调整优化必须实施检验的进出口商品目录。深化进出口货物“提前申报”、“两步申报”、“船边直提”、“抵港直装”等改革，提升通关便利化水平。（海关总署负责）

（十三）支持废弃电子电器产品回收处理行业健康发展。落实废弃电子电器产品处理税收优惠政策。充分发挥现行资源综合利用税收优惠政策的激励引导作用，合理降低废弃电子电器产品处理企业负担。（财政部、税务总局按职责分工负责）着力优化废弃电子电器产品回收处理网络布局，持续提升废弃电子电器产品资源化利用和无害化处理水平。支持有关企业建设回收网点、中转仓库。加强废弃电子电器产品回收处理监管工作，将废弃电子电器产品违法拆解处理活动作为监管重点，加大执法处罚力度。（国家发展改革委、公安部、生态环境部、商务部按职责分工负责）

（十四）规范管理电子电器行业商业测评活动。行业主管部门要对商业测评中存在的利用行政机关和事业单位名义、滥设商业测评名目、滥发商业测评证书、“花钱买排名”、吃拿卡要等破坏市场公平竞争秩序的行为进行清理整顿，及时处理有关商业测评活动的投诉举报，并向社会公布结果。基础电信运营商不得组织开展对电信设备产品的商业测评。严禁行政机关、事业单位及其工作人员组织或者参与商业测评活动。（工业和信息化部、国务院国资委、

市场监管总局等有关部门按职责分工负责）

六、加强事前事中事后全链条全领域监管

（十五）严格落实放管结合要求。将加强产品监管作为深化电子电器行业管理制度改革的重要内容，切实履行监管职责，密切监管协同，不断提升监管效能。对不再实行行政许可或者强制性认证管理的产品，压实监管责任，依据风险状况确定监督抽查比例，依法查处违法行为。对继续实行行政许可或者强制性认证管理的产品，按照“谁审批、谁监管，谁认证、谁监督”的原则，依法严肃查处无证生产行为或者获证后产品质量不符合要求的生产行为。对存在缺陷的电子电器产品，督促生产者履行召回主体责任，对拒不实施召回的生产者，依法责令召回。（市场监管总局、工业和信息化部、广电总局、公安部等有关部门和各省级人民政府按职责分工负责）

（十六）完善电子电器产品监督管理规则。在电子电器领域全面推行跨部门、跨层级“双随机、一公开”监管，按年度统筹制定抽查计划，对同一企业同类产品实行年度抽查次数总量控制，着力解决重复抽检、重复处罚问题。健全信用监管制度，对电子电器企业划分风险等级，将监督抽查比例、频次等与企业信用状况、风险等级挂钩，提升监管的精准性和有效性。对直接关系人民群众生命财产安全、公共安全，以及潜在风险大、社会风险高的产品，实行重点监管，及时发现处置重大风险隐患，守牢安全底线。健全社会监督机制，充分发挥行业协会、新闻媒体、社会公众和市场专业化服务组织的监督作用，构建社会共治格局。（市场监管总局、工业和信息化部、广电总局、公安部等有关部门和各省级人民政府按职责分工负责）

各地区、各部门要充分认识深化电子电器行业管理制度改革的重大意义，主动作为、狠抓落实，健全工作机制，完善配套措施，确保各项改革举措落地见效。工业和信息化部、市场监管总局要根据行业发展、技术进步和市场需求等情况，进一步加大力度持续清理电子电器产品准入的不合理限制，便利合格产品进入市场。要加强统筹协调和督促落实，及时协调解决本意见贯彻执行中的重点难点问题，重大情况及时报告国务院。

附件：1. 强制性产品认证目录动态调整清单

2. 实行进网许可制度的电信设备目录动态调整清单

附件1

强制性产品认证目录动态调整清单

一、不再实行强制性认证管理的产品(9种)

1. 总输出功率在500W(有效值)以下的单扬声器和多扬声器有源音箱(0801)

2. 音频功率放大器(0802)

3. 各类载体形式的音视频录制、播放及处理设备(包括各类光盘、磁带、硬盘等载体形式)(0805、0812)

4. 电子琴(0813)

5. 无绳电话终端(1604)

6. 数据终端(1608)

7. 多媒体终端(1609)

8. 入侵探测器(1901)

9. 防盗报警控制器(1902)

二、纳入强制性认证管理的产品(2种)

1. 电子电器产品使用的锂离子电池和电池组、移动电源

2. 电信终端产品配套用电源适配器/充电器

附件2

实行进网许可制度的电信设备目录动态调整清单

一、不再实行进网许可管理的电信设备(11种)

1. 固定电话终端

2. 无绳电话终端

3. 集团电话

4. 传真机

5. 调制解调器(含卡)

6. 无线寻呼机

7. 窄带综合业务数字网络终端(ISDN终端)

8. 接入移动通信网络的多媒体终端

9. 帧中继交换机

10. 异步传输模式交换机(ATM交换机)

11. 呼叫中心设备

二、纳入进网许可管理的电信设备(2种)

1. 卫星互联网设备

2. 功能虚拟化设备

国务院办公厅关于加快推进"一件事一次办"打造政务服务升级版的指导意见

(2022年9月26日 国办发〔2022〕32号)

优化政务服务是加快转变政府职能、深化"放管服"改革、持续优化营商环境的重要内容,是加快构建新发展格局、建设人民满意的服务型政府的重要支撑。近年来,在深入推进政务服务"一网、一门、一次"改革、"互联网+政务服务"的基础上,一些地区进一步加大改革创新力度,将多个部门相关联的"单项事"整合为企业和群众视角的"一件事",推行集成化办理,实现"一件事一次办",大幅减少办事环节、申请材料、办理时间和跑动次数,得到企业和群众的普遍认可。同时,各地区在实施过程中还存在系统对接深度不够,数据共享难,不同地区集成化办理服务的名称、标准、规则不一致等问题,制约了"一件事一次办"推广。为加快推进"一件事一次办",打造政务服务升级版,提升政务服务标准化、规范化、便利化水平,更好满足企业和群众办事需求,经国务院同意,现提出以下意见。

一、总体要求

(一)指导思想。以习近平新时代中国特色社会主义思想为指导,深入贯彻落实党的十九大和十九届历次全会精神,坚持以人民为中心的发展思想,坚持系统观念,推动数字技术广泛应用于政府管理服务,优化业务流程、打通业务系统、强化数据共享,推动更多关联性强、办事需求量大的跨部门、跨层级政务服务事项实现"一件事一次办",进一步提高企业和群众办事的体验感和获得感。

(二)基本原则。

坚持需求导向。从企业和群众实际需求出发,聚焦企业和个人全生命周期涉及面广、办理量大、办理频率高、办理时间相对集中的政务服务事项,实行"一件事一次办",实现企业和群众办事由"多地、多窗、多次"向"一地、一窗、一次"转变,最大程度利企便民。

坚持系统集成。围绕企业从开办到注销、个人从出生到身后的重要阶段,按照不同应用场景、业务情形,将多个相关联的"单项事"合理归集,科学设计办理流程，梳理形成政务服务“一件事一次办”事项清单，提供主题式、套餐式服务。

坚持协同高效。强化部门间业务协同、系统联通和数据共享，围绕业务流程、办理要素、申报方式、受理方式、联办机制、出件方式等进行优化，大幅减时间、减环节、减材料、减跑动，实现多个事项“一次告知、一表申请、一套材料、一窗（端）受理、一网办理”。

坚持依法监管。按照“谁审批、谁监管，谁主管、谁监管”的原则，在推进“一件事一次办”过程中，强化审管衔接，严格落实有关部门监管责任，健全各司其职、各负其责、相互配合、齐抓共管的协同监管机制，确保事有人管、责有人负，实现无缝衔接。

（三）工作目标。2022 年底前，各地区要建立部门协同、整体联动的工作机制，完成企业和个人政务服务“一件事一次办”事项基础清单中的任务，并结合各地实际拓展本地区“一件事一次办”事项范围。2025 年底前，各地区“一件事一次办”事项范围进一步扩大，服务领域进一步拓展，企业和个人全生命周期重要阶段涉及的更多政务服务事项实现“一件事一次办”，打造政务服务升级版，更好满足企业和群众办事需求。

二、重点任务

（一）推进企业全生命周期相关政务服务事项“一件事一次办”。围绕企业从开办到注销全生命周期的重要阶段，梳理集成同一阶段内需要到政府部门、公用企事业单位和服务机构办理的多个单一政务服务事项，为企业提供开办、工程建设、生产经营、惠企政策兑现、员工录用、不动产登记、注销等集成化办理服务，提高办事效率，降低办事成本。

（二）推进个人全生命周期相关政务服务事项“一件事一次办”。围绕个人从出生到身后全生命周期的重要阶段，梳理集成同一阶段内需要办理的多个单一政务服务事项，为群众提供新生儿出生、入园入学、大中专学生毕业、就业、就医、婚育、扶残助困、军人退役、二手房交易及水电气联动过户、退休、身后等集成化办理服务，切实提升群众办事便捷度，减少跑动次数。

三、优化“一件事一次办”服务模式

（一）科学设计流程。对“一件事一次办”涉及的多个政务服务事项的设定依据、受理条件、申请材料、办结时限、收费标准、办理结果等要素进行梳理，合理调整前后置顺序，优化办理要素和业务流程，形成“一件事一次办”事项办理标准化工作规程和办事指南，在线上线下服务渠道同源发布、同步更新。

（二）简化申报方式。对“一件事一次办”涉及的多个政务服务事项的申请材料和表单，通过归并、数据共享等方式进行精简、优化，推行共享数据自动调用、个性信息自行填报、申请表单自动生成,实现“多表合一、一表申请”、“一套材料、一次提交”。除法律法规规定应当并行办理的事项外,企业和群众可根据实际需求自主选择“一件事一次办”涉及的全部或部分事项。

（三）统一受理方式。根据企业和群众办事实际场景需求,科学合理设立线下“一件事一次办”综合受理窗口,在一个窗口综合收件,实现“一窗受理”。在全国一体化政务服务平台设立“一件事一次办”专栏,通过统一入口实现“一端受理”。

（四）建立联办机制。厘清部门职责,加强部门协作。依托全国一体化政务服务平台,同步获取受理信息和有关部门的办理信息,开展联动审批,推行联合评审、联合勘验、联合验收等,强化线上线下审批协同。

（五）提高出件效率。优化整合“一件事一次办”涉及的出件环节,按照集约化、高效化的原则,采取窗口发放、物流快递送达等灵活多样的方式,将办理结果和实体证照第一时间送达申请人。支持以信息化方式推送办理结果和电子证照,依托政务服务平台实现“一端出件”。

（六）加强综合监管。针对“一件事一次办”跨部门、跨业务的特点,健全监管制度,明确各环节监管部门及职责,完善监管规则和标准,落实监管措施,实施事前事中事后全链条监管。实行相对集中行政许可权改革的地区,要明确政务服务审批部门、行业主管部门的监管职责和边界,强化审管协同和信息共享,推进“一件事一次办”事项依法依规办理,促进集成化办理服务提升。

四、加强“一件事一次办”支撑能力建设

（一）推进线下综合受理窗口和线上受理专栏建设。县级以上政务服务中心和乡镇（街道）便民服务中心要将“一件事一次办”事项纳入综合受理窗口办理,全面推行“前台综合受理、后台分类审批”。有条件的地区可将“一件事一次办”事项延伸到村（社区）便民服务站。各地区要充分利用国家政务服务平台统一事项管理、身份认证、数据共享等公共支撑能力,加快本地区政务服务平台“一件事一次办”事项办理系统建设,在政务服务平台设立专栏,并向政务服务移动端（含APP、小程序等）、集成化自助服务终端等拓展,便利企业和群众线上申办、自助申办。

（二）推动“一件事一次办”事项办理相关业务系统互联互通。各地区要加大对“一件事一次办”事项办理相关业务系统的整合力度,推动相关独立办理系统与本地区政务服务平台互联互通、业务协同。国务院有关部门要以全国一体化政务服务平台为数据共享总枢纽,加快推动本部门涉及“一件事一次办”事项办理的垂直管理业务信息系统与地方政务服务平台深度对接,有效满足各地区需求,实现“一次登录、全网通办”。

（三）推进"一件事一次办"事项办理数据按需共享应用。各地区要按照"一件事一次办"事项办理业务流程，梳理数据共享需求、电子证照社会化应用场景清单，发挥政务数据共享协调机制作用，明确数据共享供需对接、规范使用、争议处理、安全管理、技术支撑等制度流程，推进跨部门、跨层级数据依法依规有序共享。国务院有关部门要推动部门之间、部门与地方之间政务数据双向共享，不断提高共享数据质量和可用性、时效性。

（四）建立健全"一件事一次办"标准规范。制定政务服务"一件事一次办"国家标准，围绕事项名称与编码规则、事项管理、办事流程、服务规范、服务质量、监督评价等方面，建立健全标准体系，细化评价指标，完善评价方法。

五、保障措施

（一）加强组织领导。坚持党对推进政务服务"一件事一次办"工作的全面领导。国务院办公厅负责统筹推进全国政务服务"一件事一次办"工作，对各地区各部门推进情况进行跟踪督促和业务指导，组织编制并发布企业和个人政务服务"一件事一次办"事项基础清单，明确"一件事一次办"事项名称、涉及事项、责任单位。各省（自治区、直辖市）人民政府要统筹推进本地区政务服务"一件事一次办"工作，围绕基础清单细化分解任务，明确时间节点、部门分工和监管责任，并因地制宜拓展本地区"一件事一次办"事项范围。各有关部门要积极推进主管行业领域政务服务"一件事一次办"工作，并提供必要的政策、业务、系统、数据等支持。

（二）加强协同配合。各地区要建立跨部门协同推进机制，结合实际明确"一件事一次办"事项核心环节或第一个环节的办理单位作为牵头单位。牵头单位要会同配合单位编制"一件事一次办"事项办理标准化工作规程和办事指南，做好流程优化、系统对接、信息共享、电子证照应用、业务培训等工作。配合单位要与牵头单位密切协作，主动按时完成相关工作。

（三）加强评价监督。各地区要推进政务服务"一件事一次办"好差评工作，让企业和群众评判政务服务绩效。加强对"一件事一次办"事项办理情况的跟踪评估，对工作推进不及时、工作落实不到位、企业和群众反映问题突出的，给予通报批评，并限期整改。

（四）加强宣传引导。各地区各有关部门要通过政府网站、政务新媒体、政务服务平台等及时发布政务服务"一件事一次办"相关信息，同时做好政策解读，不断提高社会知晓度，积极营造有利于推进"一件事一次办"的良好氛围。

附件：1. 企业政务服务"一件事一次办"事项基础清单（2022 年版）
　　　2. 个人政务服务"一件事一次办"事项基础清单（2022 年版）

附件 1

企业政务服务“一件事一次办”事项基础清单(2022 年版)

序号	名称	涉及事项	责任单位
1	企业开办	企业设立登记	市场监管部门
		公章刻制备案	公安部门
		发票领用	税务部门
		企业社会保险登记	人力资源社会保障部门
		住房公积金单位登记开户	住房城乡建设部门
2	企业准营(以餐饮店为例)	食品经营许可	市场监管部门
		设置大型户外广告及在城市建筑物、设施上悬挂、张贴宣传品审批	住房城乡建设(城市管理)部门
		公众聚集场所投入使用、营业前消防安全检查	消防救援机构
3	员工录用	就业登记	人力资源社会保障部门
		职工参保登记(社会保险)	
		社会保障卡申领	
		档案的接收和转递(流动人员)	
		职工参保登记(基本医疗保险)	医保部门
		个人住房公积金账户设立	住房城乡建设部门
4	涉企不动产登记	不动产统一登记	自然资源部门
		房地产交易税费申报	税务部门
5	企业简易注销	税务注销	税务部门
		企业注销登记	市场监管部门

附件 2

个人政务服务“一件事一次办”事项基础清单(2022 年版)

序号	名称	涉及事项	责任单位
1	新生儿出生	出生医学证明签发	卫生健康部门
		预防接种证办理	疾控部门、卫生健康部门按职责分工落实
		户口登记	公安部门
		城乡居民参保登记(基本医疗保险)	医保部门
		社会保障卡申领	人力资源社会保障部门
2	灵活就业	就业登记	人力资源社会保障部门
		档案的接收和转递(流动人员)	
		社会保险登记	
		基本医疗保险参保和变更登记	医保部门
		灵活就业人员社会保险费申报	税务部门
3	公民婚育	内地居民婚姻登记	民政部门
		户口登记项目变更	公安部门
		户口迁移	
		生育登记	卫生健康部门
4	扶残助困	残疾人证办理	残联
		困难残疾人生活补贴和重度残疾人护理补贴资格认定	民政部门
		低保、特困等困难群众医疗救助	医保部门
		城乡居民基本养老保险补助	人力资源社会保障部门
5	军人退役	退役报到	退役军人事务部门
		户口登记(退役军人恢复户口)	公安部门
		核发居民身份证	

续表

序号	名称	涉及事项		责任单位
5	军人退役	预备役登记		人民武装部门
		社会保险登记		人力资源社会保障部门
		军地养老保险关系转移接续		
		基本医疗保险参保和变更登记		医保部门
		基本医疗保险关系转移接续		
		退役士兵自主就业一次性经济补助金的给付		退役军人事务部门
6	二手房转移登记及水电气联动过户	房屋交易合同网签备案	并行办理	住房城乡建设部门
		房地产交易税费申报		税务部门
		不动产统一登记		自然资源部门
		电表过户		能源主管部门
		水表过户		住房城乡建设部门
		天然气表过户		
7	企业职工退休	职工正常退休(职)申请		人力资源社会保障部门
		职工提前退休(退职)申请		
		职工参保登记(基本医疗保险)		医保部门
		住房公积金提取(离休、退休)		住房城乡建设部门
8	公民身后	出具死亡证明(正常死亡)		卫生健康部门
		出具死亡证明(非正常死亡)		公安部门
		出具火化证明		民政部门
		参保人员个人账户一次性支取(基本医疗保险)		医保部门
		个人账户一次性待遇申领(养老保险)		人力资源社会保障部门
		遗属待遇申领		
		死亡、宣告死亡办理户口注销		公安部门
		注销驾驶证		
		住房公积金提取(死亡)		住房城乡建设部门

国务院办公厅关于对国务院第九次大督查发现的典型经验做法给予表扬的通报

（2022年9月27日　国办发〔2022〕33号）

为进一步推动中央经济工作会议部署和《政府工作报告》确定的重点任务以及稳住经济一揽子政策措施和接续政策措施落地见效，国务院部署开展了第九次大督查。从督查情况看，各有关地区在以习近平同志为核心的党中央坚强领导下，以习近平新时代中国特色社会主义思想为指导，认真贯彻落实党中央、国务院重大决策部署，统筹推进新冠肺炎疫情防控和经济社会发展，扎实做好“六稳”工作、全面落实“六保”任务，有效应对各种困难挑战，保持经济社会发展大局总体稳定。在对19个省（自治区、直辖市）和新疆生产建设兵团开展实地督查时发现，有关地方围绕稳增长、稳市场主体、稳就业保民生、保产业链供应链稳定、深化“放管服”改革优化营商环境等方面，结合实际积极探索、主动作为，创造和形成了一批好的经验做法。

为表扬先进，宣传典型，进一步调动和激发各方面干事创业、改革创新的积极性、主动性和创造性，推动形成克难攻坚、奋勇争先的良好局面，经国务院同意，对山西省强化煤炭增产保供保障能源安全等60项典型经验做法予以通报表扬。希望受到表扬的地方珍惜荣誉，再接再厉，充分发挥模范示范和引领带动作用，不断取得新的更大成绩。

各地区各部门要全面贯彻党的十九大和十九届历次全会精神，坚持稳中求进工作总基调，完整、准确、全面贯彻新发展理念，加快构建新发展格局，着力推动高质量发展，全面落实“疫情要防住、经济要稳住、发展要安全”的要求，尽责担当、扎实工作。要学习借鉴典型经验做法，加大宣传推广力度，结合实际迎难而上、砥砺奋进，为保持经济平稳运行和社会大局稳定作出积极贡献，以实际行动迎接党的二十大胜利召开。

附件：国务院第九次大督查发现的典型经验做法（共60项）

附件

国务院第九次大督查发现的典型经验做法

（共60项）

1. 山西省强化煤炭增产保供保障能源安全。

2. 山西省吕梁市打造“吕梁山护工”特色劳务品牌助力乡村振兴。

3. 山西省阳泉市创新运用“一账清”工作法推动退税红利精准惠企。

4. 内蒙古自治区多措并举推进能源保供加快能源结构调整。

5. 内蒙古自治区全力扩大有效投资取得新进展。

6. 内蒙古自治区“全链条协同”落实退税减税降费政策助企稳企。

7. 黑龙江省聚焦黑土地保护利用筑牢国家粮食安全“压舱石”。

8. 黑龙江省积极培育高新技术企业加快壮大振兴发展新动能。

9. 黑龙江省绥化市精准施策有力推动玉米生物经济发展。

10. 上海市推进项目经费“包干制”有效激发科研人员创新活力。

11. 上海市探索打造“以数治税”优化服务企业新模式。

12. 上海自由贸易试验区临港新片区深化投资建设审批制度改革跑出发展“加速度”。

13. 江苏省建设“热线百科”平台助力政策透明直达。

14. 江苏省聚焦稳增长促发展打好资源要素保障“组合拳”。

15. 江苏省南京市创新建设“质量小站”惠及中小微企业。

16. 浙江省打造“一指减负”数字化改革场景应用提升企业获得感。

17. 浙江省杭州市精准发力保障物流畅通促进产业链供应链稳定。

18. 浙江省温州市深化企业投资项目审批改革加快项目建设。

19. 福建省建设“闽捷办”智慧税务平台打造“不打烊”的网上税务服务厅。

20. 福建省厦门市实施“财政政策+金融工具”纾解企业流动性困难。

21. 福建省莆田市实施“党建引领、夯基惠民”工程推动基层治理上台阶。

22. 江西省以改革为动力持续优化升级营商环境。

23. 江西省坚持“五链合一”有序保障产业链供应链稳定。

24. 江西省强力推进扩消费“三年行动”促进消费稳定增长。

25. 河南省积极探索高效统筹疫情防控和经济社会发展有效路径。

26. 河南省漯河市助推民营企业扩投资强活力。

27. 河南省鹤壁市供需两端发力着力破解“就业难”、“用工缺”。

28. 湖北省全力以赴抓项目促投资稳增长。

29. 湖北省荆州市强化劳务品牌建设打造就业“金名片”。

30. 湖北省潜江市打造“虾—稻”特色产业链构筑现代农业发展高地。
31. 湖南省“万名干部联万企”常态化解难题优服务促发展。
32. 湖南省“促创业保用工强服务”用心用情做实家门口就业。
33. 湖南省湘潭市健全“引育用留”新机制促进人才强市。
34. 广东省大力发展跨境电商积聚外贸发展新动能。
35. 广东省编密织牢民生“兜底网”切实保障困难群众基本生活。
36. 广东省深圳市大力发展零工市场服务灵活就业人员。
37. 广西壮族自治区推出“桂惠贷”提升市场主体融资便利度。
38. 广西壮族自治区钦州市创新模式夯实工业发展根基。
39. 广西壮族自治区北海市推行“三色管理”打好保通保畅“攻坚战”。
40. 云南省建立教师“省管校用”帮扶机制探索破解“县中困境”难题。
41. 昆明海关实施“互联网+边民互市”助力边贸发展。
42. 云南省曲靖市聚焦产业链延伸全力打造产业集群。
43. 西藏自治区标本兼治着力构建根治欠薪长效机制。
44. 西藏自治区精准发力促进产业链供应链稳定。
45. 西藏自治区山南市坚持“退减免降缓”助力经济高质量发展。
46. 陕西省推进“三项改革”试点加快科技成果转化。
47. 陕西省实施零基预算改革更好集中财力办大事。
48. 陕西省推出“税务管家”服务确保留抵退税政策落实落细。
49. 甘肃省庆阳市全力打造“东数西算”大数据产业集群。
50. 甘肃省定西市创新运用“五式工作法”稳市场主体助力经济增长。
51. 甘肃省酒泉市全产业链推进新能源装备制造业基地建设。
52. 青海省靶向发力深入推进生态文明建设。
53. 青海省聚力“源网荷储”打造国家清洁能源产业高地。
54. 青海省西宁市“双轮驱动”助力稳经济大盘。
55. 新疆维吾尔自治区突出重点推动中欧班列高效开行。
56. 新疆维吾尔自治区突出“四个注重”全力以赴稳增长。
57. 新疆维吾尔自治区博尔塔拉蒙古自治州坚持补短板优环境抓关键全力推进“口岸强州”战略。
58. 新疆生产建设兵团第十二师坚决守护全疆“菜篮子”、“果盘子”安全。
59. 新疆生产建设兵团第一师阿拉尔市挖潜力添动力激活力探索发展荒漠经济。
60. 新疆生产建设兵团第六师五家渠市促进市场主体提质扩量增效。

国务院办公厅关于扩大政务服务“跨省通办”范围进一步提升服务效能的意见

（2022年9月28日　国办发〔2022〕34号）

《国务院办公厅关于加快推进政务服务“跨省通办”的指导意见》（国办发〔2020〕35号）印发以来，各地区各部门大力推进与企业发展、群众生活密切相关的高频政务服务事项“跨省通办”，企业和群众异地办事越来越便捷。为贯彻党中央、国务院关于加强数字政府建设、持续优化政务服务的决策部署，落实《政府工作报告》要求，扩大政务服务“跨省通办”范围，进一步提升服务效能，更好满足企业和群众异地办事需求，经国务院同意，现提出以下意见。

一、总体要求

以习近平新时代中国特色社会主义思想为指导，全面贯彻落实党的十九大和十九届历次全会精神，按照党中央、国务院决策部署，坚持以人民为中心的发展思想，聚焦企业和群众反映突出的异地办事难点堵点，统一服务标准、优化服务流程、创新服务方式，充分发挥全国一体化政务服务平台“一网通办”枢纽作用，推动线上线下办事渠道深度融合，持续深化政务服务“跨省通办”改革，不断提升政务服务标准化、规范化、便利化水平，有效服务人口流动、生产要素自由流动和全国统一大市场建设，为推动高质量发展、创造高品质生活、推进国家治理体系和治理能力现代化提供有力支撑。

二、扩大“跨省通办”事项范围

（一）新增一批高频政务服务“跨省通办”事项。在深入落实国办发〔2020〕35号文件部署的基础上，聚焦便利企业跨区域经营和加快解决群众关切事项的异地办理问题，健全清单化管理和更新机制，按照需求量大、覆盖面广、办理频次高的原则，推出新一批政务服务“跨省通办”事项，组织实施《全国政务服务“跨省通办”新增任务清单》（见附件）。

（二）扎实推进地区间“跨省通办”合作。围绕实施区域重大战略，聚焦城市群都市圈一体化发展、主要劳务输入输出地协作、毗邻地区交流合作等需求，进一步拓展“跨省通办”范围和深度。有关地区开展省际“跨省通办”合作要务实高效，科学合理新增区域通办事项，避免层层签订协议、合作流于形式、企业和群众获得感不强等问题。及时梳理地区间“跨省通办”合作中共性、高频的异地办事需求，加强业务统筹，并纳入全国“跨省通办”事项范围。

三、提升"跨省通办"服务效能

（三）改进网上办事服务体验。加快整合网上办事入口，依托全国一体化政务服务平台健全统一身份认证体系，着力解决网上办事"门难找"、页面多次跳转等问题。进一步简化"跨省通办"网上办理环节和流程，丰富网上办事引导、智能客服功能，提供更加简单便捷、好办易办的服务体验。完善国家政务服务平台"跨省通办"服务专区，推动更多"跨省通办"事项网上一站式办理。完善全国一体化政务服务平台移动端应用，推进证明证照查验、信息查询变更、资格认证、年审年报等更多简易高频事项"掌上办"。

（四）优化"跨省通办"线下服务。推动县级以上政务服务中心"跨省通办"窗口全覆盖，建立完善收件、办理两地窗口工作人员和后台审批人员协同联动工作机制，为全程网办提供业务咨询、申报辅导、沟通协调等服务。推行帮办代办、引导教办等线下服务，为老年人等特殊群体和不熟悉网络操作的办事人提供更多便利，更好满足多样化、个性化办事需求，确保线上能办的线下也能办。探索通过自助服务终端等渠道，推进"跨省通办"服务向基层延伸。

（五）提升"跨省通办"协同效率。依托全国一体化政务服务平台，完善"跨省通办"业务支撑系统办件流转功能，推动优化"跨省通办"事项异地代收代办、多地联办服务。通过收件标准查询、材料电子化流转、线上审核、视频会商等辅助方式，同步提供具体事项办理的工作联络功能，提高协同办理效率，加快解决"跨省通办"事项受理和收办件审核补齐补正次数多，资料传递、审查、核验、送达耗时长，跨地区、跨层级经办机构沟通效率低等问题。

四、加强"跨省通办"服务支撑

（六）完善"跨省通办"事项标准和业务规则。国务院有关部门要结合推进统一的政务服务事项基本目录和实施清单编制工作，2023 年 6 月底前实现已确定的政务服务"跨省通办"事项名称、编码、依据、类型等基本要素和受理条件、服务对象、办理流程、申请材料、办结时限、办理结果等在全国范围统一，并在国家政务服务平台发布。国务院有关部门要加快制定完善全程网办、异地代收代办、多地联办的业务标准和操作规程，明确收件地和办理地的权责划分、业务流转程序、联动模式、联系方式等内容，进一步细化和统一申请表单通用格式、申请材料文本标准等，优化办理流程，及时更新办事指南。

（七）加强"跨省通办"平台支撑和系统对接。充分发挥全国一体化政务服务平台公共入口、公共通道、公共支撑作用，在确保安全性和稳定性的前提下，加快推动国务院部门垂直管理业务信息系统、地方各级政府部门业务信息系统与各地区政务服务平台深度对接融合，明确对接标准、对接方式、完成时限等要求，为部门有效协同、业务高效办理提供有力支撑。

（八）增强“跨省通办”数据共享支撑能力。充分发挥政务数据共享协调机制作用，强化全国一体化政务服务平台的数据共享枢纽功能，推动更多直接关系企业和群众异地办事、应用频次高的医疗、养老、住房、就业、社保、户籍、税务等领域数据纳入共享范围，提升数据共享的稳定性、及时性。依法依规有序推进常用电子证照全国互认共享，加快推进电子印章、电子签名应用和跨地区、跨部门互认，为提高“跨省通办”服务效能提供有效支撑。加强政务数据共享安全保障，依法保护个人信息、隐私和企业商业秘密，切实守住数据安全底线。

五、强化组织保障

（九）健全工作推进机制。国务院办公厅负责全国政务服务“跨省通办”的统筹协调，推动解决有关重大问题。国务院各有关部门要加大业务统筹力度，按照有关任务时限要求，抓紧出台新增“跨省通办”事项的配套政策、实施方案、试点计划等，加强对主管行业领域“跨省通办”工作的指导和规范。强化跨部门协同联动，有关配合部门要加大业务、数据、信息系统等方面的支持力度。各地区要加强对政务服务“跨省通办”任务落实的省级统筹，强化上下联动、横向协同，加快实现同一事项无差别受理、同标准办理。各级政务服务管理机构要会同本级业务主管部门建立常见问题解答知识库，开展常态化业务培训，切实提升窗口工作人员办理“跨省通办”事项的业务能力。

（十）加强监测评估。国务院办公厅会同有关部门加强对政务服务“跨省通办”工作推进情况的监测分析，了解和掌握“跨省通办”事项实际办理情况，及时跟进协调解决有关难点堵点问题。地方各级政务服务管理机构要会同本级业务主管部门加强对具体事项办理的日常监测管理，强化审管协同，推动审批、监管信息实时共享。国务院办公厅适时组织开展“跨省通办”落实情况评估工作。

（十一）加大宣传推广力度。各地区各有关部门要通过政府网站、政务新媒体、政务服务平台等及时发布政务服务“跨省通办”有关信息，做好政策解读，确保企业和群众在各个层级办事时充分知晓和享受到“跨省通办”带来的便利。及时梳理总结各地区各有关部门政务服务“跨省通办”的好经验好做法，加大推广力度，积极支持“一地创新、全国复用”。

附件：全国政务服务“跨省通办”新增任务清单

附件

全国政务服务“跨省通办”新增任务清单

（共22项）

序号	“跨省通办”事项	应用场景	牵头单位	配合单位	完成时间
1	临时居民身份证办理	申请人可异地申请办理临时居民身份证，不受户籍地限制。	公安部		2022年底前，在长三角、川渝黔地区启动试点工作；2023年底前全部省份完成
2	子女投靠父母户口迁移	申请人因投靠父母需要迁移户口的，只需在迁入地申请，迁入地和迁出地公安部门协同办理户口迁移，申请人不再需要到迁出地办理相关手续。	公安部		2022年底前
3	城乡居民养老保险参保登记	申请人可异地网上申请城乡居民养老保险参保登记，不受场地限制。	人力资源社会保障部		2022年底前，建成全国统一的线上服务入口，50%以上省份开通“跨省通办”服务；2023年6月底前，全部省份开通“跨省通办”服务
4	城乡居民养老保险待遇申请	申请人可异地网上申请城乡居民养老保险待遇，不受地域限制。	人力资源社会保障部		2022年底前，建成全国统一的线上服务入口，50%以上省份开通“跨省通办”服务；2023年6月底前，全部省份开通“跨省通办”服务

续表

序号	“跨省通办”事项	应用场景	牵头单位	配合单位	完成时间
5	住房公积金汇缴	申请人可异地向缴存地住房公积金管理中心申请住房公积金汇缴，不受地域限制。	住房城乡建设部		2022 年底前
6	住房公积金补缴	申请人可异地向缴存地住房公积金管理中心申请住房公积金补缴，不受地域限制。	住房城乡建设部		2022 年底前
7	提前部分偿还住房公积金贷款	申请人可异地向住房公积金贷款发放地住房公积金管理中心申请提前部分偿还住房公积金贷款，不受地域限制。	住房城乡建设部		2022 年底前
8	租房提取住房公积金	申请人在缴存地无自有住房且租赁住房的，可异地向缴存地住房公积金管理中心申请提取住房公积金，不受地域限制。	住房城乡建设部	自然资源部	2023 年底前
9	提前退休提取住房公积金	申请人未到法定退休年龄但已办理相关退休手续的，可异地向缴存地住房公积金管理中心申请提取住房公积金，不受地域限制。	住房城乡建设部	人力资源社会保障部	2023 年底前
10	航运公司符合证明查询、核验	申请人可异地查询、核验航运公司符合证明，不受地域限制。	交通运输部		2022 年底前

续表

序号	“跨省通办”事项	应用场景	牵头单位	配合单位	完成时间
11	船舶安全管理证书查询、核验	申请人可异地查询、核验船舶安全管理证书，不受地域限制。	交通运输部		2022年底前
12	水利水电工程施工企业主要负责人、项目负责人和专职安全生产管理人员安全生产考核变更	申请人在申请证书变更时，考核管理部门发生改变的，只需向新考核管理部门提出申请，新考核管理部门和原考核管理部门协同办理，申请人不需要到原考核管理部门办理变更手续。	水利部		2023年6月底前
13	异地电子缴税	因跨省经营或管理需要，申请人可将税款从异地银行结算账户跨省缴入经营地国库。	税务总局	人民银行	2022年底前
14	开具税收完税证明	申请人可异地通过电子税务局开具税收完税证明，不受地域限制。	税务总局		2022年底前
15	单位社会保险费申报	申请人可异地网上申报单位社会保险费，不受地域限制。	税务总局		2022年底前
16	灵活就业人员社会保险费申报	申请人可异地网上申报灵活就业人员社会保险费，不受地域限制。	税务总局		2022年底前
17	城乡居民社会保险费申报	申请人可异地网上申报城乡居民社会保险费，不受地域限制。	税务总局		2022年底前

续表

序号	“跨省通办”事项	应用场景	牵头单位	配合单位	完成时间
18	社会保险费特殊缴费申报	申请人可异地网上申报社会保险费特殊缴费，不受地域限制。	税务总局	人力资源社会保障部、国家医保局	2022 年底前
19	工程项目工伤保险费申报	申请人可异地网上申报工程项目工伤保险费，不受地域限制。	税务总局		2022 年底前
20	开具社会保险费缴费证明	申请人可异地网上开具社会保险费缴费证明，不受地域限制。	税务总局		2022 年底前
21	退还误收多缴保险费申请	申请人可异地网上申请退还误收多缴保险费，不受地域限制。	税务总局	人力资源社会保障部、国家医保局	2022 年底前
22	高血压、糖尿病、恶性肿瘤门诊放化疗、尿毒症透析、器官移植术后抗排异治疗等 5 种门诊慢特病相关治疗费用跨省直接结算	具有门诊慢特病认定资格的参保人员在参保地备案后，按照参保地相关要求可在高血压、糖尿病、恶性肿瘤门诊放化疗、尿毒症透析、器官移植术后抗排异治疗等 5 种门诊慢特病相关治疗费用跨省联网定点医疗机构享受直接结算服务。	国家医保局		2022 年底前

国务院部门规章

保险资产管理公司管理规定

（2022年7月28日中国银行保险监督管理委员会令2022年第2号公布　自2022年9月1日起施行　国司备字〔2022006990〕）

第一章　总　　则

第一条　为加强对保险资产管理公司的监督管理，规范保险资产管理公司行为，保护投资者合法权益，防范经营风险，根据《中华人民共和国保险法》（以下简称《保险法》）、《中华人民共和国公司法》（以下简称《公司法》）等法律法规及《中国人民银行 中国银行保险监督管理委员会 中国证券监督管理委员会 国家外汇管理局关于规范金融机构资产管理业务的指导意见》（银发〔2018〕106号），制定本规定。

第二条　保险资产管理公司是指经中国银行保险监督管理委员会（以下简称银保监会）批准，在中华人民共和国境内设立，通过接受保险集团（控股）公司和保险公司等合格投资者委托、发行保险资产管理产品等方式，以实现资产长期保值增值为目的，开展资产管理业务及国务院金融管理部门允许的其他业务的金融机构。

第三条　保险资产管理公司应当诚实守信、勤勉尽责，严格遵守投资者适当性管理要求，稳健审慎开展业务经营，维护投资者合法权益，不得损害国家利益和社会公共利益。

第四条　银保监会依法对保险资产管理公司及其业务活动实施监督管理。

第二章　设立、变更和终止

第五条　保险资产管理公司应当采取下列组织形式：

（一）有限责任公司；

（二）股份有限公司。

第六条　保险资产管理公司名称一般为“字号+保险资产管理+组织形式”。未经银保监会批准，任何单位不得在其名称中使用“保险资产管理”字样。

第七条　保险资产管理公司应当具备下列条件：

（一）具有符合《公司法》和银保监会规定的公司章程；

（二）具有符合规定条件的股东；

（三）境内外保险集团（控股）公司、保险公司合计持股比例超过50%；

（四）具有符合本规定要求的最低注册资本；

（五）具有符合规定条件的董事、监事和高级管理人员，配备从事研究、投资、运营、风险管理等资产管理相关业务的专业人员；

（六）建立有效的公司治理、内部控制和风险管理体系，具备从事资产管理业务需要的信息系统，具备保障信息系统有效安全运行的技术与措施；

（七）具有与业务经营相适应的营业场所、安全防范措施和其他设施；

（八）银保监会规定的其他审慎性条件。

第八条　保险资产管理公司股东应当为境内保险集团（控股）公司、保险公司、其他金融机构、非金融企业，境外保险集团（控股）公司、保险公司、资产管理机构等。

保险资产管理公司开展股权激励或员工持股计划的，相关持股主体另有规定的从其规定。

第九条　保险资产管理公司股东应当具备下列条件：

（一）具有良好的公司治理结构和内部控制机制；

（二）具有良好的社会声誉、诚信记录和纳税记录；

（三）经营管理状况良好，最近2年内无重大违法违规经营记录；

（四）入股资金为自有资金，不得以债务资金、委托资金等非自有资金入股；

（五）非金融企业作为股东的，应当符合国家有关部门关于非金融企业投资金融机构的相关要求；

（六）境外机构作为股东的，应当符合所在国家或地区有关法律法规和监管规定，其所在国家或地区金融监管当局已经与国务院金融监督管理部门建立良好的监督管理合作机制；

（七）银保监会规定的其他审慎性条件。

第十条　保险资产管理公司的主要发起人应当为保险集团（控股）公司或保险公司。主要发起人除满足本规定第九条规定的条件外，还应当具备下列条件：

（一）持续经营5年以上；

（二）最近3年内无重大违法违规经营记录；

（三）财务状况良好，最近3个会计年度连续盈利；

（四）主要发起人与保险资产管理公司的其他保险公司股东最近1年末总资产合计不低于500亿元人民币或等值可自由兑换货币；

（五）最近四个季度综合偿付能力充足率均不低于150%；

（六）银保监会规定的其他审慎性条件。

第十一条 任何单位和个人不得委托他人或接受他人委托持有保险资产管理公司股权，银保监会另有规定的除外。

第十二条 保险资产管理公司主要发起人、控股股东及实际控制人应当秉持长期投资理念，书面承诺持有保险资产管理公司股权不少于5年，持股期间不得将所持有的股权进行质押或设立信托，银保监会另有规定的除外。

第十三条 存在以下情形之一的企业，不得作为保险资产管理公司的股东：

（一）股权结构不清晰，不能逐层穿透至最终权益持有人；

（二）公司治理存在明显缺陷；

（三）关联企业众多，关联交易频繁且异常；

（四）核心主业不突出或经营范围涉及行业过多；

（五）现金流量波动受经济景气影响较大；

（六）资产负债率、财务杠杆率明显高于行业平均水平；

（七）其他可能对保险资产管理公司产生重大不利影响的情况。

第十四条 保险资产管理公司的注册资本应当为实缴货币资本，最低限额为1亿元人民币或者等值可自由兑换货币。

银保监会根据审慎监管的需要，可以调整保险资产管理公司注册资本的最低限额，但不得低于前款规定的限额。

第十五条 同一投资人及其关联方、一致行动人投资入股保险资产管理公司的数量不得超过2家，其中，直接、间接、共同控制的保险资产管理公司的数量不得超过1家，经银保监会批准的除外。

第十六条 设立保险资产管理公司，主要发起人应当向银保监会提出书面申请，并提交下列材料：

（一）设立申请书；

（二）拟设公司的可行性研究报告、发展规划、筹建方案以及出资资金来源说明；

（三）股东的基本资料，包括股东名称、法定代表人、组织形式、注册资本、经营范围、资格证明文件以及经会计师事务所审计的最近 3 年资产负债表和损益表等；

（四）拟设公司的筹备负责人名单和简历；

（五）出资人出资意向书或者股份认购协议；

（六）股东为金融机构的，应当提交所在行业监管机构出具的监管意见；

（七）银保监会规定的其他材料。

第十七条 对设立保险资产管理公司的申请，银保监会应当自收到完整的申请材料之日起 3 个月内作出批准或者不批准筹建的决定。决定不予批准的，应当书面通知申请人并说明理由。

第十八条 申请人应当自收到银保监会批准筹建文件之日起 6 个月内完成筹建工作。在规定的期限内未完成筹建工作的，经申请人申请、银保监会批准，筹建期可延长 3 个月。筹建期满仍未完成筹建工作的，原批准筹建文件自动失效。

筹建机构在筹建期间不得从事任何经营业务活动。

第十九条 筹建工作完成后，主要发起人应当向银保监会提出开业申请，并提交下列材料：

（一）开业申请报告；

（二）法定验资机构出具的验资证明，资本金入账凭证复印件；

（三）拟任董事、监事、高级管理人员的任职资格申请材料；

（四）营业场所的所有权或者使用权证明文件；

（五）公司章程和内部管理制度；

（六）信息管理系统、资金运用交易设备和安全防范设施的资料；

（七）受托管理资金及相关投资管理能力证明材料；

（八）银保监会规定的其他材料。

第二十条 银保监会应当自收到完整的保险资产管理公司开业申请材料之日起 60 个工作日内，作出核准或者不予核准的决定。决定核准的，颁发业务许可证；决定不予核准的，应当书面通知申请人并说明理由。

第二十一条 保险资产管理公司设立分支机构，应当向银保监会提出申请，并提交下列材料：

（一）设立申请书；

（二）拟设机构的业务范围和可行性研究报告；

（三）拟设机构筹建负责人的简历及相关证明材料；

（四）银保监会规定的其他材料。

保险资产管理公司申请设立分支机构，由银保监会按有关规定受理、审查并作出决定。

第二十二条 保险资产管理公司可以投资设立理财、公募基金、私募基金、不动产、基础设施等从事资产管理业务或与资产管理业务相关的子公司。

保险资产管理公司投资设立子公司的，应当向银保监会提出申请，并具备以下条件：

（一）开业3年以上；

（二）最近3年内无重大违法违规经营记录；

（三）最近1年末经审计的净资产不低于1亿元，已建立风险准备金制度；

（四）最近2年监管评级均达到B类以上；

（五）使用自有资金出资，投资金额累计不超过经审计的上一年度净资产的50%；

（六）银保监会规定的其他条件。

保险资产管理公司投资设立子公司，由银保监会按照保险资金重大股权投资有关规定受理、审查并作出决定。

第二十三条 保险资产管理公司应当严格控制、合理规划分支机构和子公司的设立，避免同业竞争及重复投入。

第二十四条 保险资产管理公司有下列情形之一的，应当报银保监会批准：

（一）变更公司名称；

（二）变更注册资本；

（三）变更组织形式；

（四）变更出资额占有限责任公司资本总额5%以上的股东，或者变更持股占股份有限公司总股本5%以上的股东；

（五）调整业务范围；

（六）变更公司住所或营业场所；

（七）修改公司章程；

（八）合并或分立；

（九）撤销分支机构；

（十）银保监会规定的其他事项。

第二十五条 保险资产管理公司董事、监事、高级管理人员应当在任职前取得银保监会核准的任职资格。

银保监会可以对保险资产管理公司拟任董事、监事和高级管理人员进行任职谈话。

第二十六条 保险资产管理公司董事、监事应当具有大学本科以上学历以及履行职务必需的知识、经验与能力，具备 5 年以上与履行职责相适应的工作经历。其中，董事长应当具有 10 年以上金融从业经验。

第二十七条 本规定所称保险资产管理公司高级管理人员，是指对保险资产管理公司的经营管理活动和风险管理具有决策权或者重大影响的下列人员：总经理、副总经理、首席风险管理执行官以及实际履行上述职务的其他人员。

保险资产管理公司高级管理人员应当具备下列条件：

（一）大学本科以上学历；

（二）10 年以上金融从业经历；

（三）品行良好，熟悉与保险资产管理业务相关的法律法规及监管规定，具有履行职责所需要的经营管理能力；

（四）银保监会规定的其他条件。

第二十八条 保险资产管理公司申请核准董事、监事和高级管理人员任职资格的，应当向银保监会提交下列申请材料：

（一）任职资格核准申请文件及任职资格申请表；

（二）拟任董事、监事或者高级管理人员的身份证件、学历学位证书、劳动合同、接受反洗钱培训和履行反洗钱义务相关材料、关联关系说明、个人征信报告等复印件或证明文件；

（三）最近三年曾任金融机构董事长、高级管理人员或其他重要管理职务的，应当提交其最近一次离任审计报告或经济责任审计报告；

（四）公司相关会议决策文件；

（五）银保监会规定的其他材料。

第二十九条 保险资产管理公司拟任董事、监事、高级管理人员有下列情形之一的，银保监会不予核准其任职资格：

（一）依据《公司法》等法律法规、监管规定，不得担任董事、监事、高级管理人员的情形；

（二）最近 3 年内因重大违法违规行为受到行政处罚，或涉嫌重大违法违规正在接受有关部门立案调查，尚未作出结论；

（三）被国务院金融监督管理部门取消、撤销任职资格或采取市场禁入措施的，自被取消、撤销任职资格或禁入期满未逾 5 年；

（四）因违法违规或违纪行为被吊销执业资格的律师、注册会计师或者资产评估机构、验证机构等机构的专业人员，自被吊销执业资格之日起未逾 5 年；

（五）因严重失信行为被国家有关单位确定为失信联合惩戒对象且应当受

到相应惩戒,或者最近5年内具有其他严重失信不良记录;

(六)因违法违规或违纪行为被国家机关开除公职;

(七)因犯破坏金融管理秩序罪被判处刑事处罚,或因其他罪名被判处刑事处罚执行期满未逾5年;

(八)银保监会规定的其他情形。

第三十条 保险资产管理公司应当自高级管理人员任职任命决定作出之日起10个工作日内向银保监会提交任职报告文件、任命文件复印件等材料。

第三十一条 保险资产管理公司高级管理人员不能履职或缺位时,公司可以指定临时负责人,并及时向银保监会报告。临时负责人履职时间原则上不得超过6个月。

第三十二条 保险资产管理公司董事、监事或者高级管理人员有下列情形之一的,其任职资格自动失效:

(一)获得任职资格核准后,超过2个月未实际到任履职,且未提供正当理由;

(二)从核准任职资格的岗位离职;

(三)受到禁止进入保险业的行政处罚;

(四)被判处刑罚;

(五)有关法律法规规定及银保监会认定的其他情形。

第三十三条 保险资产管理公司有下列情形之一的,经银保监会批准后可以解散:

(一)公司章程规定的营业期限届满或者公司章程规定的其他解散事由出现;

(二)股东会或股东大会决议解散;

(三)因公司合并或者分立需要解散;

(四)依法被吊销业务许可证、营业执照、责令关闭或者被撤销;

(五)其他法定事由。

第三十四条 保险资产管理公司不得将受托管理资产和所管理的保险资产管理产品资产归入其自有财产。因解散、依法被撤销或者被宣告破产等原因进行清算的,其受托管理资产和所管理的保险资产管理产品资产不属于清算财产。

第三十五条 保险资产管理公司因解散、依法被撤销或被宣告破产而终止的,其清算事宜按照国家有关法律法规办理。

第三章 公司治理

第三十六条 保险资产管理公司应当建立组织机构健全、职责分工清晰、制衡监督有效、激励约束合理的公司治理结构，保持公司独立规范运作，维护投资者的合法权益。

第三十七条 保险资产管理公司的股东应当履行法定义务，依法行使对保险资产管理公司的股东权利。保险资产管理公司的股东及其实际控制人不得有以下行为：

（一）虚假出资、抽逃或者变相抽逃出资；

（二）以任何形式占有或者转移保险资产管理公司资产；

（三）在资产管理等业务活动中要求保险资产管理公司为其提供配合，损害投资者和其他当事人的合法权益；

（四）通过任何方式隐瞒关联关系，隐瞒提供或虚假提供关联方信息；

（五）与保险资产管理公司管理的资产进行不当交易，要求保险资产管理公司利用管理的资产为自己或他人牟取利益；

（六）其他利用股东地位损害投资者、保险资产管理公司及其他利益相关方合法权益的行为；

（七）国家有关法律法规及监管机构禁止的其他行为。

第三十八条 保险资产管理公司股东（大）会职权范围和议事规则应当清晰明确。保险资产管理公司的股东及其实际控制人应当通过股东（大）会依法行使权利，不得越过股东（大）会、董事会任免保险资产管理公司的董事、监事、高级管理人员，或者直接干预保险资产管理公司的经营管理和投资运作。

第三十九条 保险资产管理公司应当建立与股东之间有效的风险隔离机制以及业务和客户关键信息隔离制度，通过隔离资金、业务、管理、人员、系统、营业场所和信息等措施，防范风险传染、内幕交易、利益冲突和利益输送，防范利用未公开信息交易等违法违规行为。

第四十条 保险资产管理公司的公司章程应当明确董事会职权范围和议事规则。董事会应当按照法律法规、监管规定和公司章程等要求，制定公司总体战略和基本管理制度并监督实施，决策公司重大事项，监督评价经营管理人员的履职情况。董事会对公司的合规管理和风险管控有效性承担最终责任。

董事会对经营管理人员的考核，应当包括长期业绩、合规和风险管理等内容，不得以短期业务规模和盈利增长为主要考核标准。

董事会和董事长不得越权干预经营管理人员的具体经营活动。

第四十一条 保险资产管理公司应当根据监管规定和实际需要，在董事会下设置从事合规风控、审计、关联交易管理、提名薪酬和考核等事务的专门委员会，并在公司章程中明确规定各专门委员会的成员构成及职权。

董事会应当制定各专门委员会的工作程序等制度。各专门委员会应当定期向董事会报告工作，形成书面工作报告，以备查阅。

第四十二条 保险资产管理公司应当按规定建立健全独立董事制度，独立董事人数原则上不得少于董事会人数的1/3。

独立董事应当独立于保险资产管理公司及其股东，以维护投资者和公司合法权益为出发点，勤勉尽责，依法对受托资产管理和公司运作的重大事项独立作出客观、公正的专业判断。

独立董事发现公司存在合规问题或重大风险隐患，应当及时告知董事会，并按规定向银保监会报告。

第四十三条 保险资产管理公司监事会或监事应当加强对公司财务状况和董事会、高级管理人员履职尽责情况的监督，但不得越权干预经营管理人员的具体经营活动。

保险资产管理公司设立监事会的，监事会成员应当包括股东代表和公司职工代表，其中职工代表的比例不得少于监事会人数的1/3。

第四十四条 保险资产管理公司的总经理负责公司的经营管理。

保险资产管理公司的高级管理人员及其他工作人员应当坚持稳健经营理念，忠实、勤勉地履行职责，不得为股东、本人或者他人谋取不正当利益。

第四十五条 保险资产管理公司应当设立首席风险管理执行官。首席风险管理执行官不得主管投资管理。

首席风险管理执行官负责组织和领导保险资产管理公司风险管理工作，履职范围包括所有公司运作和业务环节的风险管理，独立向董事会、银保监会报告有关情况，提出防范和化解公司重大风险建议。

保险资产管理公司更换首席风险管理执行官，应当于更换前至少5个工作日，向银保监会书面报告更换理由，以及首席风险管理执行官的履职情况。

第四十六条 保险资产管理公司应当加强对董事、监事和高级管理人员的兼职管理，确保相关人员履职时间与履职责任相匹配，防止不履职、不当履职和利益冲突。

保险资产管理公司的高级管理人员不得在其他营利性经营机构兼任高级管理人员。因经营管理需要在母公司、子公司任职，或因项目投资需要在被投资项目公司任职的，原则上只能兼任1家机构的高级管理人员。

第四十七条 保险资产管理公司应当建立健全与公司发展相适应的长效激励约束机制和薪酬递延机制。

第四章 业务规则

第四十八条 保险资产管理公司经营范围包括以下业务：

（一）受托管理保险资金及其形成的各种资产；

（二）受托管理其他资金及其形成的各种资产；

（三）管理运用自有人民币、外币资金；

（四）开展保险资产管理产品业务、资产证券化业务、保险私募基金业务等；

（五）开展投资咨询、投资顾问，以及提供与资产管理业务相关的运营、会计、风险管理等专业服务；

（六）银保监会批准的其他业务；

（七）国务院其他部门批准的业务。

前款第（二）项所述“其他资金”包括基本养老保险基金、社会保障基金、企业年金基金、职业年金基金等资金及其他具备相应风险识别和风险承受能力的境内外合格投资者的资金。

第四十九条 保险资产管理公司开展保险资产管理产品业务和投资管理活动，应当满足银保监会有关保险资产管理产品管理和投资管理能力的要求。

保险资产管理公司开展外汇资金运用业务和其他外汇业务，应当符合银保监会、中国人民银行和国家外汇管理局的相关规定。

第五十条 保险资产管理公司应当依据监管规定和合同约定，对受托管理的资产和保险资产管理产品资产进行投资管理和运作。

保险资产管理公司受托管理保险资金，可以列席保险公司资产负债匹配管理部门的有关会议。

第五十一条 保险资产管理公司自有资金运用应当遵循审慎稳健、风险分散、合法公平的原则，维护自有资金的安全性、流动性。

保险资产管理公司自有资金可以开展金融资产投资以及与资产管理业务相关的股权投资，可以购置自用性不动产。其中，持有现金、银行存款、政府债券、准政府债券、中央银行票据、政策性金融债券、公募基金、组合类保险资产管理产品等具有较高流动性资产的比例不得低于50%；投资于本公司发行的保险资产管理产品原则上不得超过单只产品净资产的50%；不得直接投资上市交易的股票、期货及其他衍生品。

保险资产管理公司运用自有资金，应当避免与公司及子公司管理的资产之间发生利益冲突，严禁任何形式的利益输送行为。

第五十二条 保险资产管理公司开展资产管理业务应当建立资产托管机制，并由委托人或保险资产管理公司聘任符合银保监会监管规定的商业银行或者其他专业机构作为托管人。

第五十三条 保险资产管理公司应当公平对待所管理的不同委托人和不

同保险资产管理产品的资产,分别记账并建立防范利益输送的隔离机制,防止可能出现的风险传递和利益冲突。

保险资产管理公司应当指定专门的投资管理人员单独管理公司的自有资金。

第五十四条 保险资产管理公司作为受托人管理运用、处分不同委托人和保险资产管理产品资产所产生的债权,不得与保险资产管理公司自有财产所产生的债务相互抵销。

保险资产管理公司作为受托人管理运用、处分不同委托人和保险资产管理产品资产所产生的债权债务,不得相互抵销。

保险资产管理公司与其他组织或者个人发生民事纠纷,其受托管理的资产和保险资产管理产品资产不得用于扣押、冻结、抵偿等。

第五十五条 保险资产管理公司开展资产管理业务应当与投资者及其他当事人签署书面合同。

第五十六条 保险资产管理公司依照合同约定取得资产管理费,资产管理费率应当依照公平、合理和市场化的原则确定。

第五十七条 保险资产管理公司不得有下列行为:

(一)提供担保;

(二)承诺受托管理资产或保险资产管理产品资产不受损失,或者保证最低收益;

(三)违规将受托管理的资产转委托;

(四)提供规避投资范围、杠杆约束等监管要求的通道服务;

(五)利用受托管理资产或保险资产管理产品资产等为他人牟取利益,或者为自己谋取合同约定报酬以外的其他利益;

(六)以获取非法利益或进行利益输送为目的,操纵自有财产、不同来源的受托管理资产、保险资产管理产品资产等互相交易或与股东进行资金运用交易;

(七)以资产管理费的名义或者其他方式与投资者合谋获取非法利益;

(八)国家有关法律法规及监管机构禁止的其他行为。

第五十八条 保险资产管理公司应当妥善保管受托管理资产、保险资产管理产品资产管理运用的完整记录及合同文本,保管期限自合同终止之日起不少于15年。

第五十九条 保险资产管理公司应当定期或者根据合同约定,向委托人报告受托管理资产的管理运用情况。

保险资产管理公司应当按照法律法规、银保监会相关规定及保险资产管理产品合同等规定，及时履行信息披露义务。

第六十条 保险资产管理公司应当建立和完善客户服务标准，加强销售管理，规范保险资产管理产品及业务宣传推介行为，不得有不正当销售或者不正当竞争的行为。

第六十一条 保险资产管理公司应当审慎经营，保持良好的财务状况，满足公司运营、业务发展和风险管理的需要。

保险资产管理公司年度财务报告应当经会计师事务所审计。

第六十二条 保险资产管理公司和托管人对受托管理资产及保险资产管理产品资产的管理运用情况和投资者信息等资料负有依法保密义务。

第五章 风险管理

第六十三条 保险资产管理公司应当建立全面风险管理体系。保险资产管理公司应当明确股东（大）会、董事会、监事会或监事、高级管理层、业务部门、风险管理部门和内部审计部门的风险管理职责分工，建立相互衔接、相互制衡、协调运转的风险管理组织架构。

第六十四条 保险资产管理公司应当设立独立的风险管理部门，并配备满足业务需要的风险管理人员、方法和系统。建立完善全面风险管理制度和机制，有效进行风险识别、评估、计量、监测、报告和风险处置，防范各类业务风险。

第六十五条 保险资产管理公司应当建立健全内部控制制度和内、外部审计制度，完善内部控制措施，提高内、外部审计有效性，持续提升业务经营、风险管理、内控合规水平。

保险资产管理公司应当按规定，每年至少开展一次对资产管理业务的内部审计，并将审计报告报送董事会。董事会应当针对内部审计发现的问题，督促经营管理层及时采取整改措施。内部审计部门应当跟踪检查整改措施的实施情况，并及时向董事会提交有关报告。

保险资产管理公司应当委托外部审计机构每年至少开展一次资产管理业务内部控制审计，针对外部审计发现的问题及时采取整改措施，并按规定向银保监会报告。

第六十六条 保险资产管理公司设立子公司的，应当依法依规对子公司的经营策略、风险管理、内控合规和审计工作进行指导、监督。

保险资产管理公司与其子公司之间，以及保险资产管理公司各子公司之间，应当建立隔离墙制度，防止可能出现的风险传递和利益冲突。

第六十七条 保险资产管理公司开展关联交易，应当遵守法律法规和银保监会相关规定，不得与关联方进行不正当交易和利益输送。

保险资产管理公司应当全面准确识别关联方，并定期对关联方清单进行检查更新。建立健全关联交易内部评估和决策审批机制，严格履行关联交易相关内部管理、信息披露和报告程序。

第六十八条 保险资产管理公司员工应当遵守法律法规及监管规定，恪守职业道德和行为规范。在公司任职期间，不得从事损害投资者和公司利益的证券交易及其他活动，不得利用职务之便为自己或他人谋取不当利益，不得进行利益输送。

保险资产管理公司应当建立证券投资相关从业人员证券交易行为管理制度，明确证券投资相关从业人员本人、配偶、利害关系人进行证券投资的申报、登记、审查、处置以及禁止性规定要求。

第六十九条 保险资产管理公司在开展受托管理资金业务和保险资产管理产品业务时，应当建立风险准备金制度。风险准备金主要用于弥补因保险资产管理公司违法违规、违反合同约定、操作失误或技术故障等给受托管理资产、保险资产管理产品资产等造成的损失。

保险资产管理公司应当将风险准备金计提情况纳入公司年度财务报告，按规定报送银保监会。

银保监会可以根据审慎监管的要求，提高保险资产管理公司风险准备金计提比例要求。

第七十条 保险资产管理公司应当加强信息化建设，具备从事资产管理业务所需要的投资决策、资金运用、风险管理、财务核算以及支持保险资产管理产品或账户单独管理、单独建账和单独核算等业务管理的信息系统；具备保障信息系统有效安全运行的技术与措施，具有与业务操作相关的安全保障措施。

第七十一条 保险资产管理公司应当建立重大突发事件应急处理机制，并指定相关部门具体负责突发事件的应急管理、信息报告等工作。

第六章 监督管理

第七十二条 银保监会根据有关规定对保险资产管理公司进行监管评级，并根据评级结果对保险资产管理公司在市场准入、监管措施等方面实施分类监管。

第七十三条 保险资产管理公司应当建立健全信息报送机制，按照法律法规和银保监会规定，向银保监会报送有关信息、资料。银保监会有权要求保险资产管理公司及其股东、实际控制人在指定的期限内提供有关信息、资料。

保险资产管理公司及其股东、实际控制人向银保监会报送或提供的信息、资料，必须及时、真实、准确、完整。

第七十四条 保险资产管理公司应当按照银保监会及所涉业务领域相关监管机构的要求，及时、真实、准确、完整地履行各项信息披露义务。

第七十五条 保险资产管理公司应当在以下事项发生之日起5个工作日内，按规定向银保监会报告：

（一）变更持股5%以下的股东或变更股东的持股比例不超过5%；

（二）公司股权被质押或解质押；

（三）股东及股东的实际控制人变更、名称变更、合并、分立、破产等可能导致所持保险资产管理公司股权发生变化的情况；

（四）在保险资产管理公司自有资金投资中，发生单项投资实际投资损失金额超过其上季度末净资产总额5%的投资损失；

（五）发生对保险资产管理公司净资产和实际经营造成重要影响或者判决其赔偿金额超过5000万元人民币的重大诉讼案件或仲裁案件；

（六）发生其他可能影响保险资产管理公司经营管理、财务状况、风险控制或者投资者资产安全的重大事件；

（七）银保监会要求报告的其他重大事项。

第七十六条 银保监会对保险资产管理公司的监督检查采取现场检查、现场调查与非现场监管相结合的方式。银保监会可以委托专业机构进行专项审计、评估或者出具法律意见，保险资产管理公司应当配合专业机构工作。

银保监会对保险资产管理公司进行现场检查、现场调查时，可以依法采取询问、查阅、复制等方式，保险资产管理公司应当予以配合。

银保监会认为保险资产管理公司可能存在下列情形之一的，可以要求其聘请专业机构进行专项审计、评估或者出具法律意见：

（一）公司信息披露和监管报告内容存在虚假记载、误导性陈述或者重大遗漏；

（二）违反法律法规及监管规定，造成受托管理资产或保险资产管理产品资产严重损失；

（三）银保监会认定的其他情形。

第七十七条 保险资产管理公司违反本规定要求，有下列情形之一的，银保监会可以对其采取监管谈话、出具警示函、责令限期整改等监管措施；逾期不改正或情节严重的，银保监会可以对其采取暂停新增相关业务，责令调整负有直接责任的董事、监事、高级管理人员等监管措施：

（一）公司治理不健全，部门或者岗位设置存在较大缺陷，董事、监事、高级管理人员及其他关键业务岗位人员缺位、未履行职责或存在未经批准实际履职情形的；

（二）业务规则不健全或者未有效执行，风险管理或者内部控制机制不完善；

（三）未按规定开展资金运用行为；

（四）其他不符合持续性经营规则要求或者出现其他经营风险的情形。

第七十八条 保险资产管理公司及其股东、实际控制人、董事、监事、高级管理人员等违反本规定及有关法律法规的，银保监会依据《保险法》及有关行政法规给予保险资产管理公司及相关责任人员行政处罚；涉嫌犯罪的，依法移送司法机关，追究其刑事责任。

第七十九条 银保监会建立保险资产管理行业市场准入违规档案，记录保险资产管理公司股东或实际控制人、董事、监事、高级管理人员等违法违规情况，依法对相关主体采取措施，并将相关情况向社会公布。

第八十条 会计师事务所、律师事务所、资产评估机构、信用评级机构等为保险资产管理公司提供中介服务的机构及其直接负责的主管人员和其他直接责任人员违反相关规定开展业务，银保监会应当记录其不良行为，并将有关情况通报其行业主管部门。相关机构出具不具有公信力的报告或者有其他不诚信行为的，自行为发生之日起五年内，银保监会对其再次出具的报告不予认可，并将相关情况向社会公布。情节严重的，银保监会可向相关部门移送线索材料，由主管部门依法给予行政处罚。

第八十一条 保险资产管理公司的净资产低于4000万元人民币，或者现金、银行存款、政府债券、准政府债券等可运用的流动资产低于2000万元人民币且低于公司上一会计年度营业支出的，银保监会可以要求其限期整改。整改完成前，保险资产管理公司不得新增受托管理保险资金和其他资金，不得新增保险资产管理产品业务。

第八十二条 中国保险资产管理业协会依据法律法规、银保监会规定和自律规则，对保险资产管理公司及其业务活动进行自律管理。

中国保险资产管理业协会开展活动，应当接受银保监会的指导和监督。

第七章 附　　则

第八十三条 本规定所称“以上”均含本数。

第八十四条　本规定由银保监会负责解释。

第八十五条　本规定自2022年9月1日起施行,《保险资产管理公司管理暂行规定》(保监会令〔2004〕2号)、《关于调整〈保险资产管理公司管理暂行规定〉有关规定的通知》(保监发〔2011〕19号)、《关于保险资产管理公司有关事项的通知》(保监发〔2012〕90号)同时废止。

关于保险资产管理公司管理的有关规定,与本规定不一致的,以本规定为准。

药品网络销售监督管理办法

(2022年8月3日国家市场监督管理总局令第58号公布　自2022年12月1日起施行　国司备字[2022006897])

第一章　总　　则

第一条　为了规范药品网络销售和药品网络交易平台服务活动,保障公众用药安全,根据《中华人民共和国药品管理法》(以下简称药品管理法)等法律、行政法规,制定本办法。

第二条　在中华人民共和国境内从事药品网络销售、提供药品网络交易平台服务及其监督管理,应当遵守本办法。

第三条　国家药品监督管理局主管全国药品网络销售的监督管理工作。

省级药品监督管理部门负责本行政区域内药品网络销售的监督管理工作,负责监督管理药品网络交易第三方平台以及药品上市许可持有人、药品批发企业通过网络销售药品的活动。

设区的市级、县级承担药品监督管理职责的部门(以下称药品监督管理部门)负责本行政区域内药品网络销售的监督管理工作,负责监督管理药品零售企业通过网络销售药品的活动。

第四条　从事药品网络销售、提供药品网络交易平台服务,应当遵守药品法律、法规、规章、标准和规范,依法诚信经营,保障药品质量安全。

第五条　从事药品网络销售、提供药品网络交易平台服务,应当采取有效措施保证交易全过程信息真实、准确、完整和可追溯,并遵守国家个人信息保护的有关规定。

第六条　药品监督管理部门应当与相关部门加强协作,充分发挥行业组织等机构的作用,推进信用体系建设,促进社会共治。

第二章　药品网络销售管理

第七条　从事药品网络销售的，应当是具备保证网络销售药品安全能力的药品上市许可持有人或者药品经营企业。

中药饮片生产企业销售其生产的中药饮片，应当履行药品上市许可持有人相关义务。

第八条　药品网络销售企业应当按照经过批准的经营方式和经营范围经营。药品网络销售企业为药品上市许可持有人的，仅能销售其取得药品注册证书的药品。未取得药品零售资质的，不得向个人销售药品。

疫苗、血液制品、麻醉药品、精神药品、医疗用毒性药品、放射性药品、药品类易制毒化学品等国家实行特殊管理的药品不得在网络上销售，具体目录由国家药品监督管理局组织制定。

药品网络零售企业不得违反规定以买药品赠药品、买商品赠药品等方式向个人赠送处方药、甲类非处方药。

第九条　通过网络向个人销售处方药的，应当确保处方来源真实、可靠，并实行实名制。

药品网络零售企业应当与电子处方提供单位签订协议，并严格按照有关规定进行处方审核调配，对已经使用的电子处方进行标记，避免处方重复使用。

第三方平台承接电子处方的，应当对电子处方提供单位的情况进行核实，并签订协议。

药品网络零售企业接收的处方为纸质处方影印版本的，应当采取有效措施避免处方重复使用。

第十条　药品网络销售企业应当建立并实施药品质量安全管理、风险控制、药品追溯、储存配送管理、不良反应报告、投诉举报处理等制度。

药品网络零售企业还应当建立在线药学服务制度，由依法经过资格认定的药师或者其他药学技术人员开展处方审核调配、指导合理用药等工作。依法经过资格认定的药师或者其他药学技术人员数量应当与经营规模相适应。

第十一条　药品网络销售企业应当向药品监督管理部门报告企业名称、网站名称、应用程序名称、IP 地址、域名、药品生产许可证或者药品经营许可证等信息。信息发生变化的，应当在 10 个工作日内报告。

药品网络销售企业为药品上市许可持有人或者药品批发企业的，应当向所在地省级药品监督管理部门报告。药品网络销售企业为药品零售企业的，应当向所在地市县级药品监督管理部门报告。

第十二条 药品网络销售企业应当在网站首页或者经营活动的主页面显著位置，持续公示其药品生产或者经营许可证信息。药品网络零售企业还应当展示依法配备的药师或者其他药学技术人员的资格认定等信息。上述信息发生变化的，应当在10个工作日内予以更新。

第十三条 药品网络销售企业展示的药品相关信息应当真实、准确、合法。

从事处方药销售的药品网络零售企业，应当在每个药品展示页面下突出显示“处方药须凭处方在药师指导下购买和使用”等风险警示信息。处方药销售前，应当向消费者充分告知相关风险警示信息，并经消费者确认知情。

药品网络零售企业应当将处方药与非处方药区分展示，并在相关网页上显著标示处方药、非处方药。

药品网络零售企业在处方药销售主页面、首页面不得直接公开展示处方药包装、标签等信息。通过处方审核前，不得展示说明书等信息，不得提供处方药购买的相关服务。

第十四条 药品网络零售企业应当对药品配送的质量与安全负责。配送药品，应当根据药品数量、运输距离、运输时间、温湿度要求等情况，选择适宜的运输工具和设施设备，配送的药品应当放置在独立空间并明显标识，确保符合要求、全程可追溯。

药品网络零售企业委托配送的，应当对受托企业的质量管理体系进行审核，与受托企业签订质量协议，约定药品质量责任、操作规程等内容，并对受托方进行监督。

药品网络零售的具体配送要求由国家药品监督管理局另行制定。

第十五条 向个人销售药品的，应当按照规定出具销售凭证。销售凭证可以以电子形式出具，药品最小销售单元的销售记录应当清晰留存，确保可追溯。

药品网络销售企业应当完整保存供货企业资质文件、电子交易等记录。销售处方药的药品网络零售企业还应当保存处方、在线药学服务等记录。相关记录保存期限不少于5年，且不少于药品有效期满后1年。

第十六条 药品网络销售企业对存在质量问题或者安全隐患的药品，应当依法采取相应的风险控制措施，并及时在网站首页或者经营活动主页面公开相应信息。

第三章 平台管理

第十七条 第三方平台应当建立药品质量安全管理机构,配备药学技术人员承担药品质量安全管理工作,建立并实施药品质量安全、药品信息展示、处方审核、处方药实名购买、药品配送、交易记录保存、不良反应报告、投诉举报处理等管理制度。

第三方平台应当加强检查,对入驻平台的药品网络销售企业的药品信息展示、处方审核、药品销售和配送等行为进行管理,督促其严格履行法定义务。

第十八条 第三方平台应当将企业名称、法定代表人、统一社会信用代码、网站名称以及域名等信息向平台所在地省级药品监督管理部门备案。省级药品监督管理部门应当将平台备案信息公示。

第十九条 第三方平台应当在其网站首页或者从事药品经营活动的主页面显著位置,持续公示营业执照、相关行政许可和备案、联系方式、投诉举报方式等信息或者上述信息的链接标识。

第三方平台展示药品信息应当遵守本办法第十三条的规定。

第二十条 第三方平台应当对申请入驻的药品网络销售企业资质、质量安全保证能力等进行审核,对药品网络销售企业建立登记档案,至少每六个月核验更新一次,确保入驻的药品网络销售企业符合法定要求。

第三方平台应当与药品网络销售企业签订协议,明确双方药品质量安全责任。

第二十一条 第三方平台应当保存药品展示、交易记录与投诉举报等信息。保存期限不少于5年,且不少于药品有效期满后1年。第三方平台应当确保有关资料、信息和数据的真实、完整,并为入驻的药品网络销售企业自行保存数据提供便利。

第二十二条 第三方平台应当对药品网络销售活动建立检查监控制度。发现入驻的药品网络销售企业有违法行为的,应当及时制止并立即向所在地县级药品监督管理部门报告。

第二十三条 第三方平台发现下列严重违法行为的,应当立即停止提供网络交易平台服务,停止展示药品相关信息:

(一)不具备资质销售药品的;

(二)违反本办法第八条规定销售国家实行特殊管理的药品的;

(三)超过药品经营许可范围销售药品的;

(四)因违法行为被药品监督管理部门责令停止销售、吊销药品批准证明文件或者吊销药品经营许可证的；

（五）其他严重违法行为的。

药品注册证书被依法撤销、注销的，不得展示相关药品的信息。

第二十四条 出现突发公共卫生事件或者其他严重威胁公众健康的紧急事件时，第三方平台、药品网络销售企业应当遵守国家有关应急处置规定，依法采取相应的控制和处置措施。

药品上市许可持有人依法召回药品的，第三方平台、药品网络销售企业应当积极予以配合。

第二十五条 药品监督管理部门开展监督检查、案件查办、事件处置等工作时，第三方平台应当予以配合。药品监督管理部门发现药品网络销售企业存在违法行为，依法要求第三方平台采取措施制止的，第三方平台应当及时履行相关义务。

药品监督管理部门依照法律、行政法规要求提供有关平台内销售者、销售记录、药学服务以及追溯等信息的，第三方平台应当及时予以提供。

鼓励第三方平台与药品监督管理部门建立开放数据接口等形式的自动化信息报送机制。

第四章 监督检查

第二十六条 药品监督管理部门应当依照法律、法规、规章等规定，按照职责分工对第三方平台和药品网络销售企业实施监督检查。

第二十七条 药品监督管理部门对第三方平台和药品网络销售企业进行检查时，可以依法采取下列措施：

（一）进入药品网络销售和网络平台服务有关场所实施现场检查；

（二）对网络销售的药品进行抽样检验；

（三）询问有关人员，了解药品网络销售活动相关情况；

（四）依法查阅、复制交易数据、合同、票据、账簿以及其他相关资料；

（五）对有证据证明可能危害人体健康的药品及其有关材料，依法采取查封、扣押措施；

（六）法律、法规规定可以采取的其他措施。

必要时，药品监督管理部门可以对为药品研制、生产、经营、使用提供产品或者服务的单位和个人进行延伸检查。

第二十八条 对第三方平台、药品上市许可持有人、药品批发企业通过网络销售药品违法行为的查处，由省级药品监督管理部门负责。对药品网络零售企业违法行为的查处，由市县级药品监督管理部门负责。

药品网络销售违法行为由违法行为发生地的药品监督管理部门负责查处。因药品网络销售活动引发药品安全事件或者有证据证明可能危害人体健康的，也可以由违法行为结果地的药品监督管理部门负责。

第二十九条 药品监督管理部门应当加强药品网络销售监测工作。省级药品监督管理部门建立的药品网络销售监测平台，应当与国家药品网络销售监测平台实现数据对接。

药品监督管理部门对监测发现的违法行为，应当依法按照职责进行调查处置。

药品监督管理部门对网络销售违法行为的技术监测记录资料，可以依法作为实施行政处罚或者采取行政措施的电子数据证据。

第三十条 对有证据证明可能存在安全隐患的，药品监督管理部门应当根据监督检查情况，对药品网络销售企业或者第三方平台等采取告诫、约谈、限期整改以及暂停生产、销售、使用、进口等措施，并及时公布检查处理结果。

第三十一条 药品监督管理部门应当对药品网络销售企业或者第三方平台提供的个人信息和商业秘密严格保密，不得泄露、出售或者非法向他人提供。

第五章 法律责任

第三十二条 法律、行政法规对药品网络销售违法行为的处罚有规定的，依照其规定。药品监督管理部门发现药品网络销售违法行为涉嫌犯罪的，应当及时将案件移送公安机关。

第三十三条 违反本办法第八条第二款的规定，通过网络销售国家实行特殊管理的药品，法律、行政法规已有规定的，依照法律、行政法规的规定处罚。法律、行政法规未作规定的，责令限期改正，处 5 万元以上 10 万元以下罚款；造成危害后果的，处 10 万元以上 20 万元以下罚款。

第三十四条 违反本办法第九条第一款、第二款的规定，责令限期改正，处 3 万元以上 5 万元以下罚款；情节严重的，处 5 万元以上 10 万元以下罚款。

违反本办法第九条第三款的规定，责令限期改正，处 5 万元以上 10 万元以下罚款；造成危害后果的，处 10 万元以上 20 万元以下罚款。

违反本办法第九条第四款的规定，责令限期改正，处 1 万元以上 3 万元以下罚款；情节严重的，处 3 万元以上 5 万元以下罚款。

第三十五条 违反本办法第十一条的规定，责令限期改正；逾期不改正的,处1万元以上3万元以下罚款;情节严重的,处3万元以上5万元以下罚款。

第三十六条 违反本办法第十三条、第十九条第二款的规定,责令限期改正;逾期不改正的,处5万元以上10万元以下罚款。

第三十七条 违反本办法第十四条、第十五条的规定,药品网络销售企业未遵守药品经营质量管理规范的,依照药品管理法第一百二十六条的规定进行处罚。

第三十八条 违反本办法第十七条第一款的规定,责令限期改正,处3万元以上10万元以下罚款;造成危害后果的,处10万元以上20万元以下罚款。

第三十九条 违反本办法第十八条的规定,责令限期改正;逾期不改正的,处5万元以上10万元以下罚款;造成危害后果的,处10万元以上20万元以下罚款。

第四十条 违反本办法第二十条、第二十二条、第二十三条的规定,第三方平台未履行资质审核、报告、停止提供网络交易平台服务等义务的,依照药品管理法第一百三十一条的规定处罚。

第四十一条 药品监督管理部门及其工作人员不履行职责或者滥用职权、玩忽职守、徇私舞弊,依法追究法律责任;构成犯罪的,依法追究刑事责任。

第六章 附 则

第四十二条 本办法自2022年12月1日起施行。

关于修改、废止部分证券期货规章的决定

（2022年8月9日证监会令第202号公布 自公布之日起施行
国司备字[2022006973]）

为贯彻落实《中华人民共和国期货和衍生品法》,中国证监会对有关证券期货制度文件进行了清理。经过清理,中国证监会决定:

一、对8部规章的部分条款予以修改。（附件1）

二、对1部规章予以废止。（附件2）

本决定自公布之日起施行。

附件:1. 中国证监会决定修改的规章

2. 中国证监会决定废止的规章

附件 1

中国证监会决定修改的规章

一、将《期货公司董事、监事和高级管理人员任职管理办法》第一条修改为:“为了加强对期货公司董事、监事和高级管理人员的任职管理,规范期货公司运作,防范经营风险,根据《中华人民共和国公司法》(以下简称《公司法》)、《中华人民共和国期货和衍生品法》和《期货交易管理条例》,制定本办法。”

第六条修改为:“期货公司董事、监事、高级管理人员,应当正直诚实、品行良好,熟悉期货法律、行政法规,具有履行职责所需的经营管理能力。”

第十一条第一项修改为:“符合期货从业人员条件”。

第十四条第一款第一项修改为:“符合期货从业人员条件”。

第十五条修改为:“期货公司法定代表人应当符合期货从业人员条件并具备从事期货业务所需的专业能力。”

第十八条中“可以免试取得期货从业人员资格”修改为“视为符合期货从业人员条件”。

第十九条第三项修改为:“因违法行为或者违纪行为被吊销执业证书或者被取消资格的律师、注册会计师或者投资咨询机构、财务顾问机构、资信评级机构、资产评估机构、验证机构的专业人员,自被吊销执业证书或者被取消资格之日起未逾 5 年。”

第二十二条第四项修改为:“符合期货从业人员条件的证明”。

第二十四条第一款第四项修改为:“符合期货从业人员条件的证明”。

第四十八条第一款删去“及其”。

二、将《期货公司风险监管指标管理办法》第一条修改为:“为了加强期货公司监督管理,促进期货公司加强内部控制、防范风险、稳健发展,根据《中华人民共和国期货和衍生品法》(以下简称《期货和衍生品法》)、《期货交易管理条例》,制定本办法。”

第六条第一款修改为:“期货公司应当聘请符合规定的会计师事务所对期货公司年度风险监管报表进行审计。”

第十三条第二款中“具有证券、期货业务资格的会计师事务所”修改为“符合规定的会计师事务所”。

第二十三条第二款中“具有证券、期货相关业务资格的会计师事务所”修改为“符合规定的会计师事务所”。

第三十一条中“《期货交易管理条例》第五十五条”修改为“《期货和衍生品法》第七十三条”。

第三十二条修改为："期货公司违反本办法规定的，中国证监会及其派出机构可以依据《期货和衍生品法》第一百三十四条、《期货交易管理条例》第六十六条的规定处罚。"

三、将《期货投资者保障基金管理办法》名称修改为《期货交易者保障基金管理办法》。

第一条修改为："为保护期货交易者的合法权益，根据《中华人民共和国期货和衍生品法》（以下简称《期货和衍生品法》）、《期货交易管理条例》制定本办法。"

第二条、第三条、第七条、第二十条、第二十一条、第二十二条、第二十三条、第二十四条中"投资者"修改为"交易者"，"投资"修改为"交易"。

第二十七条修改为："期货交易所、期货公司违反本办法规定，延期缴纳或者拒不缴纳保障基金以及不按规定保存、报送有关信息和资料的，中国证监会根据《期货和衍生品法》第一百四十四条以及《期货交易管理条例》第六十四条、第六十六条进行处罚。"

四、将《期货公司期货投资咨询业务试行办法》名称修改为《期货公司期货交易咨询业务办法》。

第一条修改为："为了规范期货公司期货交易咨询业务活动，提高期货公司专业化服务能力，保护客户合法权益，促进期货市场更好地服务国民经济发展，根据《中华人民共和国期货和衍生品法》（以下简称《期货和衍生品法》）、《期货交易管理条例》等有关规定，制定本办法。"

第二条、第四条、第五条、第八条、第十条、第十二条、第十四条、第十五条、第二十一条、第二十二条、第二十三条、第二十五条、第二十六条、第二十七条、第二十八条、第二十九条、第三十条、第三十五条中"投资"修改为"交易"。

第三条修改为："期货公司从事期货交易咨询业务，应当经中国证监会批准取得期货交易咨询业务资格；期货公司从事期货交易咨询业务的人员应当符合相关从业条件。

未取得规定资格的期货公司、不符合相关从业条件的人员不得从事期货交易咨询业务活动。"

第二章名称修改为："公司业务资格和人员从业管理"。

第六条修改为："期货公司申请从事期货交易咨询业务，应当具备下列条件：

（一）注册资本不低于人民币1亿元，且净资本不低于人民币8000万元；

（二）申请日前6个月的风险监管指标持续符合监管要求；

（三）具有3年以上期货从业经历并符合期货交易咨询从业条件的高级管

理人员不少于 1 名，具有 2 年以上期货从业经历并符合期货交易咨询从业条件的业务人员不少于 5 名，且前述高级管理人员和业务人员最近 3 年内无不良诚信记录，未受到行政、刑事处罚，且不存在因涉嫌违法违规正被有权机关调查的情形；

（四）具有完备的期货交易咨询业务管理制度；

（五）近 3 年内未因违法违规经营受到行政、刑事处罚，且不存在因涉嫌重大违法违规正被有权机关调查的情形；

（六）近 1 年内不存在被监管机构采取《期货和衍生品法》第七十三条、第七十四条规定的监管措施的情形；

（七）中国证监会根据审慎监管原则规定的其他条件。"

第七条修改为："期货公司申请期货交易咨询业务资格，应当提交下列申请材料：

（一）期货交易咨询业务资格申请书；

（二）股东会关于申请期货交易咨询业务的决议文件；

（三）申请日前 6 个月的期货公司风险监管报表；

（四）期货交易咨询业务管理制度文本，内容包括部门和人员管理、业务操作、合规检查、客户回访与投诉等；

（五）最近 3 年的期货公司合规经营情况说明；

（六）拟从事期货交易咨询业务的高级管理人员和业务人员的名单、简历、相关任职条件和从业条件证明，以及公司出具的诚信合规证明材料；

（七）加盖公司公章的《企业法人营业执照》复印件、《经营期货业务许可证》复印件；

（八）经符合规定的会计师事务所审计的前一年度财务报告；申请日在下半年的，还应当提供经审计的半年度财务报告；

（九）律师事务所就期货公司是否符合本办法第六条第（三）、（五）项规定的条件，以及股东会决议是否合法出具的法律意见书；

（十）中国证监会规定的其他材料。"

第九条修改为："中国期货业协会负责期货交易咨询业务从业人员的日常管理等相关工作，相关自律管理办法由中国期货业协会制定。"

第十一条中"从业资格"修改为"从业信息"。

第十三条修改为："期货公司及其从业人员在开展期货交易咨询服务时，不得从事下列行为：

（一）向客户做获利保证，或者约定分享收益或共担风险；

（二）以虚假信息、市场传言或者内幕信息为依据向客户提供期货交易咨询服务；

（三）利用期货交易咨询活动操纵期货交易价格、进行内幕交易，或者传播虚假、误导性信息；

（四）以个人名义收取服务报酬；

（五）期货法律、法规、规章禁止的其他行为。

期货交易咨询业务人员在开展期货交易咨询服务时，不得接受客户委托代为从事期货交易。”

删去第十八条第二款中的“从业证号、”。

第十九条修改为：“期货公司提供交易咨询服务时，应当向客户明示有无利益冲突，提示潜在的市场变化和交易风险。

期货公司提供的交易方案或者期货交易策略应当以本公司的研究报告、合法取得的研究报告、相关行业信息资料以及公开发布的相关信息等为主要依据。

期货公司应当告知客户自主做出期货交易决策，独立承担期货交易后果，并不得泄露客户的交易决策计划信息。”

第三十一条修改为：“期货公司未取得规定资格从事期货交易咨询业务活动的，或者任用不具备相应条件的人员从事期货交易咨询业务活动的，责令改正；情节严重的，根据《期货和衍生品法》第一百三十二条、《期货交易管理条例》第六十六条的规定处罚。”

第三十二条修改为：“期货公司或其从业人员开展期货交易咨询业务出现下列情形之一的，中国证监会及其派出机构可以针对具体情况，根据《期货和衍生品法》第七十三条的规定采取相应监管措施：

（一）对期货交易咨询服务能力进行虚假、误导性宣传，欺诈或者误导客户；

（二）高级管理人员缺位或者业务部门人员低于规定要求；

（三）以个人名义为客户提供期货交易咨询服务；

（四）违反本办法第十三条规定；

（五）未按照规定建立防范利益冲突的管理制度、机制；

（六）未有效执行防范利益冲突管理制度、机制且处置失当，导致发生重大利益冲突事件；

（七）利用研究报告、资讯信息为自身及其他利益相关方谋取不当利益；

（八）其他不符合本办法规定的情形。

期货公司或其从业人员出现前款所列情形之一，根据《期货和衍生品法》第一百二十五条、第一百二十六条、第一百二十七条、第一百三十五条，《期货交易管理条例》第六十六条、第六十七条相关规定处罚;涉嫌犯罪的,依法移送司法机关。"

第三十四条修改为:"期货公司及其从业人员通过报刊、电视、电台和网络等公共媒体开展期货行情分析等信息传播活动的,期货公司应当取得期货交易咨询业务资格、从业人员应当符合相关条件,遵守金融信息传播相关规定,保护他人的知识产权;在开展期货信息传播活动前,期货公司及其从业人员应当向住所地的中国证监会派出机构报告。"

五、将《证券期货经营机构及其工作人员廉洁从业规定》第一条修改为:"为促进资本市场健康发展,净化资本市场生态环境,保护投资者合法权益,切实加强对证券期货经营机构及其工作人员廉洁从业的监督管理,根据《中华人民共和国证券法》(以下简称《证券法》)、《中华人民共和国证券投资基金法》(以下简称《证券投资基金法》)、《中华人民共和国期货和衍生品法》(以下简称《期货和衍生品法》)、《证券公司监督管理条例》《期货交易管理条例》等法律法规,制定本规定。"

第十九条修改为:"证券期货经营机构及其工作人员违反本规定,并违反《证券法》《证券投资基金法》《期货和衍生品法》《证券公司监督管理条例》《期货交易管理条例》规定的,中国证监会可以采取限制业务活动,限制向董事、监事、高级管理人员支付报酬、提供福利,责令更换董事、监事、高级管理人员等行政监管措施,并按照相关法律法规的规定进行处罚。"

第二十七条修改为:"私募基金管理人、其他公募基金管理人、证券投资咨询机构、期货交易咨询机构、证券资信评级机构、基金销售机构、基金托管人以及从事基金评价、基金估值、信息技术服务等证券期货服务类机构参照本规定执行。"

六、将《关于加强证券期货信息传播管理的若干规定》第七条第一款修改为:"证券期货专业报刊、经济类报刊刊发本规定第三条所述第(五)项信息时,必须对撰稿人是否符合证券投资咨询、期货交易咨询业务相关从业要求进行审查,撰稿人不能提供证明文件时,其稿件不得刊发。"

第九条修改为:"电台、电视台不得向任何机构和个人出租节目时间开办证券期货节目;不得与个人合办证券期货节目;聘请个人做证券期货节目主持人播发第三条所述第(五)项信息时,必须对被聘人员是否符合证券投资咨询、期货交易咨询业务相关从业要求进行审查,被聘人员不能提供证明文件时,电台、电视台不能聘其主持该类节目。与机构合办证券期货节目,节目的终审权在电台、电视台。电台、电视台不得准许合作方的工作人员以本电台、电视台记者身份从事采访活动。"

第十条第一款修改为:“电台、电视台播发第三条所述第(五)项信息时,必须对撰稿人是否符合证券投资咨询、期货交易咨询业务相关从业要求进行审查。撰稿人不能提供证明文件时,其稿件不得播发。”

第十二条修改为:“电话信息服务台、计算机信息服务公司聘请人员主持或传播第三条所述第(五)项信息时,被聘者或撰稿人必须是符合证券投资咨询、期货交易咨询业务相关从业要求的咨询人员。

在其产品(软件)中刊载第三条所述第(五)项咨询报告时,报告撰稿人必须署名真实姓名,并且是符合证券投资咨询、期货交易咨询业务相关从业要求的咨询人员。”

七、将《证券期货业反洗钱工作实施办法》第一条修改为:“为进一步配合国务院反洗钱行政主管部门加强证券期货业反洗钱工作,有效防范证券期货业洗钱和恐怖融资风险,规范行业反洗钱监管行为,推动证券期货经营机构认真落实反洗钱工作,维护证券期货市场秩序,根据《中华人民共和国反洗钱法》(以下简称《反洗钱法》)、《中华人民共和国证券法》《中华人民共和国证券投资基金法》《中华人民共和国期货和衍生品法》及《期货交易管理条例》等法律法规,制定本办法。”

八、将《证券期货投资者适当性管理办法》第一条修改为:“为了规范证券期货投资者适当性管理,维护投资者合法权益,根据《中华人民共和国证券法》(以下简称《证券法》)、《中华人民共和国证券投资基金法》(以下简称《证券投资基金法》)、《中华人民共和国期货和衍生品法》(以下简称《期货和衍生品法》)、《证券公司监督管理条例》《期货交易管理条例》及其他相关法律、行政法规,制定本办法。”

第二条增加一款,作为第二款:“本办法所称投资者,包括《证券法》规定的投资者,《证券投资基金法》规定的投资人、基金份额持有人,以及《期货和衍生品法》规定的交易者等。”

第三十八条修改为:“证券公司、期货公司违反本办法规定,存在较大风险或者风险隐患的,中国证监会及其派出机构可以按照《证券法》第一百四十条、《期货和衍生品法》第七十三条、《证券公司监督管理条例》第七十条、《期货交易管理条例》第五十五条的规定,采取监督管理措施。”

第三十九条修改为:“违反本办法第六条、第十八条、第十九条、第二十条、第二十一条、第二十二条第(三)项至第(六)项、第二十三条、第二十四条、第三十三条规定的,按照《证券法》第一百九十八条、《证券投资基金法》第一百三十七条、《期货和衍生品法》第一百三十五条、《证券公司监督管理条例》第八十四条、《期货交易管理条例》第六十七条予以处理。”

第四十条修改为:“违反本办法第二十二条第(一)项至第(二)项、第二十六条、第二十七条规定的,按照《证券投资基金法》第一百三十五条、《期货和衍生品法》第一百三十五条、《证券公司监督管理条例》第八十三条、《期货交易管理条例》第六十六条予以处理。”

第四十一条第十项修改为:“违反本办法第六条、第十八条至第二十四条、第二十六条、第二十七条、第三十三条规定,未构成《证券法》第一百九十八条,《证券投资基金法》第一百三十五条、第一百三十七条,《期货和衍生品法》第一百三十五条,《证券公司监督管理条例》第八十三条、第八十四条,《期货交易管理条例》第六十六条、第六十七条规定情形的”。

《期货公司董事、监事和高级管理人员任职管理办法》等8部规章根据本决定作相应修改,重新公布。

附件2

中国证监会决定废止的规章

《关于期货交易管理条例第七十条第五项“其他操纵期货交易价格行为”的规定》(2019年11月18日 证监会令第160号)

期货公司董事、监事和高级管理人员任职管理办法

(2007年7月4日证监会令第47号公布　根据2021年1月15日中国证券监督管理委员会《关于修改、废止部分证券期货规章的决定》第一次修订　根据2022年8月12日中国证券监督管理委员会《关于修改、废止部分证券期货规章的决定》第二次修订)

第一章　总　　则

第一条　为了加强对期货公司董事、监事和高级管理人员的任职管理,规范期货公司运作,防范经营风险,根据《中华人民共和国公司法》(以下简称《公司法》)、《中华人民共和国期货和衍生品法》和《期货交易管理条例》,制定本办法。

第二条　期货公司董事、监事和高级管理人员的任职管理,适用本办法。

本办法所称高级管理人员,是指期货公司的总经理、副总经理、首席风险

官（以下简称经理层人员），财务负责人以及实际履行上述职务的人员。

期货公司分支机构负责人的管理参照本办法有关高级管理人员的相关规定执行。

第三条 期货公司董事、监事和高级管理人员应当符合中国证券监督管理委员会（以下简称中国证监会）规定的任职条件。

期货公司不得任用不符合任职条件的人员担任董事、监事和高级管理人员。

期货公司不得授权董事、监事和高级管理人员之外的人员实际履行相关职责，本办法另有规定的除外。

第四条 期货公司董事、监事和高级管理人员应当遵守法律、行政法规和中国证监会的规定，遵守自律规则、行业规范和公司章程，恪守诚信，勤勉尽责。

第五条 中国证监会依法对期货公司董事、监事和高级管理人员进行监督管理。

中国证监会派出机构依照本办法和中国证监会的授权对期货公司董事、监事和高级管理人员进行监督管理。

中国期货业协会、期货交易所依法对期货公司董事、监事和高级管理人员进行自律管理。

第二章 任职条件

第六条 期货公司董事、监事、高级管理人员，应当正直诚实、品行良好，熟悉期货法律、行政法规，具有履行职责所需的经营管理能力。

第七条 担任除董事长、监事会主席、独立董事以外的期货公司董事、监事的，应当具备下列条件：

（一）具有从事期货、证券等金融业务或者法律、会计业务3年以上经验，或者经济管理工作5年以上经验；

（二）具有大学专科以上学历。

第八条 担任期货公司独立董事的，应当具备下列条件：

（一）具有从事期货、证券等金融业务或者法律、会计业务5年以上经验，或者具有相关学科教学、研究的高级职称；

（二）具有大学本科以上学历，并且取得学士以上学位；

（三）熟悉期货法律、行政法规和中国证监会的规定，具备期货专业能力；

（四）有履行职责所必需的时间和精力。

第九条 独立董事不得与所任职期货公司存在可能妨碍其作出独立、客观判断的关系。

下列人员不得担任期货公司独立董事：

（一）在期货公司或者其关联方任职的人员及其近亲属和主要社会关系人员；

（二）在下列机构任职的人员及其近亲属和主要社会关系人员：持有或者控制期货公司5%以上股权的单位、期货公司前5名股东单位、与期货公司存在业务联系或者利益关系的机构；

（三）直接或间接持有上市期货公司已发行股份1%以上或者是上市期货公司前十名股东中的自然人股东及其近亲属；

（四）为期货公司及其关联方提供财务、法律、咨询等服务的人员及其近亲属；

（五）最近1年内曾经具有前四项所列举情形之一的人员；

（六）在其他期货公司担任除独立董事以外职务的人员；

（七）中国证监会规定的其他人员。

第十条 担任期货公司董事长和监事会主席的，应当具备下列条件：

（一）具有从事期货业务3年以上经验，或者其他金融业务4年以上经验，或者法律、会计业务5年以上经验，或者经济管理工作10年以上经验；

（二）具有大学本科以上学历或者取得学士以上学位；

（三）熟悉期货法律、行政法规和中国证监会的规定，具备期货专业能力。

第十一条 担任期货公司经理层人员的，应当具备下列条件：

（一）符合期货从业人员条件；

（二）具有大学本科以上学历或者取得学士以上学位；

（三）熟悉期货法律、行政法规和中国证监会的规定，具备期货专业能力。

第十二条 担任期货公司总经理、副总经理的，除具备第十一条规定条件外，还应当具备下列条件：

（一）具有从事期货业务3年以上经验，或者其他金融业务4年以上经验，或者法律、会计业务5年以上经验，或者经济管理工作10年以上经验；

（二）担任期货公司、证券公司等金融机构部门负责人以上职务不少于2年，或者具有相当职位管理工作经历。

第十三条 担任期货公司首席风险官的，除具备第十一条规定条件外，还应当具有从事期货业务3年以上经验，并担任期货公司交易、结算、风险管理或者合规负责人职务不少于2年；或者具有从事期货业务1年以上经验，并具有在证券公司等金融机构从事风险管理、合规业务3年以上经验。

首席风险官的任职、履职以及考核应当保持独立性。

第十四条 担任期货公司财务负责人的，应当具备下列条件：

（一）符合期货从业人员条件；

（二）具有大学本科以上学历或者取得学士以上学位；

（三）具有会计师以上职称或者注册会计师资格。

担任期货公司分支机构负责人的，除具备上述第（一）项、第（二）项条件外，还应当具有从事期货业务3年以上经验，或者其他金融业务4年以上经验，或者经济管理工作5年以上经验。

第十五条 期货公司法定代表人应当符合期货从业人员条件并具备从事期货业务所需的专业能力。

第十六条 具有从事期货业务10年以上经验或者曾担任金融机构部门负责人以上职务8年以上的人员，担任期货公司董事长、监事会主席、高级管理人员的，学历可以放宽至大学专科。

第十七条 具有期货等金融或者法律、会计专业硕士研究生以上学历的人员，担任期货公司董事、监事和高级管理人员的，从事除期货以外的其他金融业务，或者法律、会计业务的年限可以放宽1年。

第十八条 在期货监管机构、自律机构以及其他承担期货监管职能的专业监管岗位任职8年以上的人员，担任期货公司高级管理人员的，视为符合期货从业人员条件。

第十九条 有下列情形之一的，不得担任期货公司董事、监事和高级管理人员：

（一）《公司法》第一百四十六条规定的情形；

（二）因违法行为或者违纪行为被解除职务的期货交易所、证券交易所、证券登记结算机构的负责人，或者期货公司、证券公司、基金管理公司的董事、监事、高级管理人员，自被解除职务之日起未逾5年；

（三）因违法行为或者违纪行为被吊销执业证书或者被取消资格的律师、注册会计师或者投资咨询机构、财务顾问机构、资信评级机构、资产评估机构、验证机构的专业人员，自被吊销执业证书或者被取消资格之日起未逾5年；

（四）因违法行为或者违纪行为被开除的期货交易所、证券交易所、证券登记结算机构、证券服务机构、期货公司、证券公司、基金管理公司的从业人员和被开除的国家机关工作人员，自被开除之日起未逾5年；

（五）国家机关工作人员和法律、行政法规规定的禁止在公司中兼职的其他人员；

（六）因重大违法违规行为受到金融监管部门的行政处罚，执行期满未逾

3年；

（七）自被中国证监会或者其派出机构认定为不适当人选之日起未逾2年；

（八）因违法违规行为或者出现重大风险被监管部门责令停业整顿、托管、接管或者撤销的金融机构及分支机构，其负有责任的主管人员和其他直接责任人员，自该金融机构及分支机构被停业整顿、托管、接管或者撤销之日起未逾3年；

（九）中国证监会规定的其他情形。

第三章 任职备案

第二十条 期货公司董事、监事和高级管理人员的任职，由期货公司住所地的中国证监会派出机构依法备案。

分支机构负责人的任职由期货公司分支机构所在地的中国证监会派出机构依法备案，并抄报期货公司住所地的中国证监会派出机构。

第二十一条 期货公司董事长、监事会主席、独立董事的任职，应当由任职期货公司自作出决定之日起5个工作日内，向中国证监会派出机构备案，并根据任职条件提交下列备案材料：

（一）备案报告书；

（二）任职条件表；

（三）身份、学历、学位证明；

（四）中国证监会规定的其他材料。

独立董事的任职，还应当提供任职人员关于独立性的声明，声明应当重点说明其本人是否存在本办法第九条所列举的情形。

第二十二条 期货公司经理层人员的任职，应当由任职期货公司自作出决定之日起5个工作日内，向中国证监会派出机构备案，并提交下列备案材料：

（一）备案报告书；

（二）任职条件表；

（三）身份、学历、学位证明；

（四）符合期货从业人员条件的证明；

（五）高级管理人员职责范围的说明；

（六）中国证监会规定的其他材料。

第二十三条 除董事长、监事会主席、独立董事以外的董事、监事的任职，

应当由任职期货公司自作出决定之日起 5 个工作日内,向中国证监会派出机构备案,并根据任职条件提交下列备案材料:

(一)备案报告书;

(二)任职条件表;

(三)身份、学历、学位证明;

(四)中国证监会规定的其他材料。

第二十四条 财务负责人的任职,应当由任职期货公司自作出决定之日起 5 个工作日内,向中国证监会派出机构备案,并提交下列备案材料:

(一)备案报告书;

(二)任职条件表;

(三)身份、学历、学位证明;

(四)符合期货从业人员条件的证明;

(五)高级管理人员职责范围的说明;

(六)会计师以上职称或者注册会计师资格的证明;

(七)中国证监会规定的其他材料。

分支机构负责人的任职,应当由任职期货公司自作出决定之日起 5 个工作日内,向中国证监会派出机构备案,并提交第一款中第(一)项至第(四)项、第(七)项备案材料。

第二十五条 备案人提交境外大学或者高等教育机构学位证书或者高等教育文凭,或者非学历教育文凭的,应当同时提交国务院教育行政部门对任职人员所获教育文凭的学历学位认证文件。

第二十六条 中国证监会派出机构通过审核材料、考察谈话、调查从业经历等方式,对任职人员是否符合任职条件进行核查。

第二十七条 期货公司免除董事、监事、高级管理人员和分支机构负责人的职务,应当自作出决定之日起 5 个工作日内,向任职备案时备案及抄报的中国证监会派出机构报告,并提交下列材料:

(一)免职决定文件;

(二)相关会议的决议;

(三)中国证监会规定的其他材料。

期货公司拟免除首席风险官的职务,应当在作出决定前 10 个工作日将免职理由及其履行职责情况向公司住所地的中国证监会派出机构报告。

第二十八条 期货公司董事、监事和高级管理人员不得在党政机关兼职。

期货公司高级管理人员最多可以在期货公司参股的 2 家公司兼任董事、监事,但不得在上述公司兼任董事、监事之外的职务,不得在其他营利性机构兼职或者从事其他经营性活动。

期货公司高级管理人员在期货公司全资或控股子公司兼职的，不受上述限制，但应当遵守中国证监会的有关规定。

期货公司营业部负责人不得兼任其他营业部负责人。

符合任职条件的人员最多可以在2家期货公司兼任独立董事。

期货公司董事、监事和高级管理人员兼职的，应当自有关情况发生之日起5个工作日内向中国证监会相关派出机构报告。

第二十九条 期货公司董事、监事和高级管理人员改任的，应当按规定备案。

有以下情形的，期货公司应当自作出改任决定之日起5个工作日内，向中国证监会派出机构报告，不需备案：

（一）期货公司除董事长、监事会主席、独立董事以外的董事、监事，在同一期货公司内由董事改任监事或者由监事改任董事；

（二）在同一期货公司内，董事长改任监事会主席，或者监事会主席改任董事长，或者董事长、监事会主席改任除独立董事之外的其他董事、监事；

（三）在同一期货公司内，经理层人员改任董事（不包括独立董事）、监事；

（四）在同一期货公司内，分支机构负责人改任同一中国证监会派出机构监管辖区内的其他分支机构负责人。

第三十条 期货公司董事长、监事会主席、独立董事离任后12个月内到其他期货公司担任董事长、监事会主席、独立董事，且未出现本办法第十九条规定情形的，新任职期货公司应当提交下列备案材料：

（一）备案报告书；

（二）任职条件表；

（三）任职人员在原任职期货公司任职情况的陈述；

（四）中国证监会规定的其他材料。

第四章 行为规则

第三十一条 期货公司董事应当按照公司章程的规定出席董事会会议，参加公司的活动，切实履行职责。

第三十二条 期货公司独立董事应当重点关注和保护客户、中小股东的合法利益，发表客观、公正的独立意见。

第三十三条 期货公司高级管理人员应当遵循诚信原则，谨慎地在职权范围内行使职权，维护客户和公司的合法利益，不得从事或者配合他人从事损害客户和公司利益的活动，不得利用职务之便为自己或者他人谋取属于本公司的商业机会。

第三十四条 期货公司董事、监事和高级管理人员的近亲属在期货公司从事期货交易的，有关董事、监事和高级管理人员应当在知悉或者应当知悉之日起5个工作日内向公司报告，并遵循回避原则。公司应当在接到报告之日起5个工作日内向中国证监会相关派出机构备案，并每季度报告相关交易情况。

第三十五条 期货公司总经理应当认真执行董事会决议，有效执行公司制度，防范和化解经营风险，确保经营业务的稳健运行和客户保证金安全完整。副总经理应当协助总经理工作，忠实履行职责。

第三十六条 期货公司董事、监事和高级管理人员不得收受或进行商业贿赂，不得利用职务之便牟取其他非法利益。

第五章 监督管理

第三十七条 期货公司董事长、监事会主席、独立董事和经理层人员依法参加中国期货业协会组织的非准入型专业能力水平评价测试，保障和提高自身专业能力水平。

第三十八条 期货公司董事长、总经理、首席风险官、分支机构负责人在失踪、死亡、丧失行为能力等特殊情形下不能履行职责的，期货公司可以按照公司章程等规定临时决定由符合相应任职条件的人员代为履行职责，并自作出决定之日起3个工作日内向中国证监会派出机构报告。

公司决定的人员不符合条件的，中国证监会派出机构可以责令公司更换代为履行职责的人员。

代为履行职责的时间不得超过6个月。公司应当在6个月内任用符合任职条件的人员担任董事长、总经理、首席风险官、分支机构负责人。

第三十九条 期货公司调整高级管理人员职责分工的，应当在5个工作日内向中国证监会相关派出机构报告。

第四十条 期货公司董事、监事和高级管理人员因涉嫌违法违规行为被有权机关立案调查或者采取强制措施的，期货公司应当立即向中国证监会相关派出机构报告。

第四十一条 期货公司对董事、监事和高级管理人员给予处分的，应当自作出决定之日起5个工作日内向中国证监会相关派出机构报告。

第四十二条 期货公司董事、监事和高级管理人员受到非法或者不当干预,不能正常依法履行职责,导致或者可能导致期货公司发生违规行为或者出现风险的,该人员应当及时向中国证监会相关派出机构报告。

第四十三条 期货公司有下列情形之一的,中国证监会及其派出机构可以责令改正,并对负有责任的主管人员和其他直接责任人员采取监管谈话、出具警示函等监管措施:

(一)任用的董事、监事和高级管理人员不符合任职条件;

(二)未按规定备案或报告董事、监事和高级管理人员任免情况;

(三)法人治理结构、内部控制存在重大隐患;

(四)未按规定报告高级管理人员职责分工调整的情况;

(五)未按规定报告相关人员代为履行职责的情况;

(六)未按规定备案或报告董事、监事和高级管理人员的近亲属在本公司从事期货交易的情况;

(七)未按规定对离任人员进行离任审计;

(八)违反规定授权董事、监事和高级管理人员之外的人员实际行使相关职权;

(九)中国证监会规定的其他情形。

第四十四条 期货公司董事、监事和高级管理人员有下列情形之一的,中国证监会及其派出机构可以责令改正,并对其采取监管谈话、出具警示函等监管措施:

(一)未按规定履行职责;

(二)违规兼职或者未按规定报告兼职情况;

(三)未按规定报告近亲属在本公司从事期货交易的情况;

(四)中国证监会规定的其他情形。

第四十五条 期货公司董事、监事和高级管理人员在任职期间出现下列情形之一的,中国证监会及其派出机构可以将其认定为不适当人选:

(一)向中国证监会及其派出机构提供虚假信息或者隐瞒重大事项,造成严重后果;

(二)拒绝配合中国证监会及其派出机构依法履行监管职责,造成严重后果;

(三)擅离职守,造成严重后果;

(四)1 年内累计 3 次被中国证监会及其派出机构进行监管谈话;

(五)累计 3 次被行业自律组织纪律处分;

(六)对期货公司出现违法违规行为或者重大风险负有责任;

(七)中国证监会规定的其他情形。

第四十六条 期货公司董事、监事和高级管理人员被中国证监会及其派出机构认定为不适当人选的，期货公司应当将该人员免职。

第四十七条 期货公司董事、监事和高级管理人员的诚信信息，记入证券期货市场诚信档案数据库（以下简称诚信档案）。

第四十八条 期货公司董事长、总经理辞职，或者被认定为不适当人选而被解除职务的，期货公司应当委托符合规定的会计师事务所对其进行离任审计，并自其离任之日起 3 个月内将审计报告报中国证监会派出机构备案。

期货公司无故拖延或者拒不审计的，中国证监会及其派出机构可以指定符合规定的会计师事务所进行审计。有关审计费用由期货公司承担。

第六章 法律责任

第四十九条 期货公司或者任职人员隐瞒有关情况或者提供虚假材料的，责令改正，记入诚信档案；拒不改正的，依法予以警告，并处 3 万元以下罚款。

第五十条 期货公司或者任职人员以欺骗、贿赂等不正当手段完成任职备案的，责令改正，记入诚信档案，对负有责任的公司和人员予以警告，并处 3 万元以下罚款。

第五十一条 期货公司有下列情形之一的，根据《期货交易管理条例》第六十六条处罚：

（一）任用不符合任职条件的人员担任董事、监事和高级管理人员且拒不改正；

（二）任用中国证监会及其派出机构认定的不适当人选担任董事、监事和高级管理人员；

（三）未按规定备案或报告董事、监事和高级管理人员的任免情况造成严重后果，或者报送的材料存在虚假记载、误导性陈述或者重大遗漏；

（四）未按规定报告董事、监事和高级管理人员的处分情况；

（五）董事、监事和高级管理人员被有权机关立案调查或者采取强制措施的，未按规定履行报告义务；

（六）未按照中国证监会的要求更换或者调整董事、监事和高级管理人员。

第五十二条 期货公司董事、监事和高级管理人员收受或进行商业贿赂，或者利用职务之便牟取其他非法利益的，依法追究行政责任。

第五十三条 违反本办法，涉嫌犯罪的，依法移送司法机关，追究刑事责任。

第七章　附　　则

第五十四条　本办法自公布之日起施行。中国证监会发布的《期货经纪公司高级管理人员任职资格管理办法(修订)》(证监发〔2002〕6号)、《关于期货经纪公司高级管理人员任职资格审核有关问题的通知》(证监期货字〔2004〕67号)、《期货经纪公司高级管理人员任职资格年检工作细则》(证监期货字〔2003〕110号)、《关于落实对涉嫌违法违规期货公司高管人员及相关人员责任追究的通知》(证监期货字〔2005〕159号)同时废止。

期货公司风险监管指标管理办法

(2017年4月18日证监会令第131号公布　根据2022年8月12日中国证券监督管理委员会《关于修改、废止部分证券期货规章的决定》修订)

第一章　总　　则

第一条　为了加强期货公司监督管理,促进期货公司加强内部控制、防范风险、稳健发展,根据《中华人民共和国期货和衍生品法》(以下简称《期货和衍生品法》)、《期货交易管理条例》,制定本办法。

第二条　期货公司应当按照中国证券监督管理委员会(以下简称中国证监会)的有关规定计算风险监管指标。

第三条　中国证监会可以根据审慎监管原则,结合期货市场与期货行业发展状况,在征求行业意见基础上对期货公司风险监管指标标准及计算要求进行动态调整,并为调整事项的实施作出过渡性安排。

第四条　期货公司应当建立与风险监管指标相适应的内部控制制度及风险管理制度,建立动态的风险监控和资本补充机制,确保净资本等风险监管指标持续符合标准。

第五条　期货公司应当及时根据监管要求、市场变化及业务发展情况对公司风险监管指标进行压力测试。

压力测试结果显示潜在风险超过期货公司承受能力的,期货公司应当采取有效措施,及时补充资本或控制业务规模,将风险控制在可承受范围内。

第六条　期货公司应当聘请符合规定的会计师事务所对期货公司年度风

险监管报表进行审计。

会计师事务所及其注册会计师应当勤勉尽责，对出具报告所依据的文件资料内容的真实性、准确性和完整性进行核查和验证，并对出具审计报告的合法性和真实性负责。

第七条 中国证监会及其派出机构按照法律、行政法规及本办法的规定，对期货公司风险监管指标是否符合标准，期货公司编制、报送风险监管报表相关活动实施监督管理。

第二章 风险监管指标标准及计算要求

第八条 期货公司应当持续符合以下风险监管指标标准：

（一）净资本不得低于人民币 3000 万元；

（二）净资本与公司风险资本准备的比例不得低于 100%；

（三）净资本与净资产的比例不得低于 20%；

（四）流动资产与流动负债的比例不得低于 100%；

（五）负债与净资产的比例不得高于 150%；

（六）规定的最低限额结算准备金要求。

第九条 中国证监会对风险监管指标设置预警标准。规定“不得低于”一定标准的风险监管指标，其预警标准是规定标准的 120%，规定“不得高于”一定标准的风险监管指标，其预警标准是规定标准的 80%。

最低限额结算准备金不设预警标准。

第十条 期货公司净资本是在净资产基础上，按照变现能力对资产负债项目及其他项目进行风险调整后得出的综合性风险监管指标。

净资本的计算公式为：净资本＝净资产－资产调整值＋负债调整值－/＋其他调整项。

第十一条 期货公司风险资本准备是指期货公司在开展各项业务过程中，为应对可能发生的风险损失所需要的资本。

第十二条 最低限额结算准备金是指期货公司按照交易所及登记结算机构的有关要求以自有资金缴存用于履约担保的最低金额。

第十三条 期货公司计算净资本时，应当按照企业会计准则的规定充分计提资产减值准备、确认预计负债。

中国证监会派出机构可以要求期货公司对资产减值准备计提的充足性和合理性、预计负债确认的完整性进行专项说明，并要求期货公司聘请符合规定的会计师事务所出具鉴证意见；有证据表明期货公司未能充分计提资产减值准备或未能准确确认预计负债的，中国证监会派出机构应当要求期货公司相应核减净资本金额。

第十四条　期货公司应当根据期末未决诉讼、未决仲裁等或有事项的性质、涉及金额、形成原因、进展情况、可能发生的损失和预计损失进行会计处理，在计算净资本时按照一定比例扣减，并在风险监管报表附注中予以说明。

第十五条　期货公司借入次级债务、向股东或者其关联企业借入具有次级债务性质的长期借款以及其他清偿顺序在普通债之后的债务，可以按照规定计入净资本。

期货公司应当在相关事项完成后5个工作日内向住所地中国证监会派出机构报告。

期货公司不得互相持有次级债务。

第十六条　中国证监会及其派出机构认为期货公司开展某项业务存在未预期风险特征的，可以根据潜在风险状况确定所需资本规模，并要求期货公司补充计提风险资本准备。

第三章　编制和披露

第十七条　期货公司应当按照中国证监会规定的方式编制并报送风险监管报表。中国证监会可以根据监管需要及行业发展情况调整风险监管报表的编制及报送要求。

中国证监会派出机构可以根据审慎监管原则，要求期货公司不定期编制并报送风险监管报表，或要求期货公司在一段时期内提高风险监管报表的报送频率。

第十八条　期货公司法定代表人、经营管理主要负责人、首席风险官、财务负责人应当在风险监管报表上签字确认，并应当保证其真实、准确、完整。上述人员对风险监管报表内容持有异议的，应当书面说明意见和理由，向期货公司住所地中国证监会派出机构报告。

第十九条　期货公司应当保留书面月度及年度风险监管报表，法定代表人、经营管理主要负责人、首席风险官、财务负责人等责任人员应当在书面报表上签字，并加盖公司印章。风险监管报表的保存期限应当不少于5年。

第二十条　期货公司应当每半年向公司董事会提交书面报告，说明各项风险监管指标的具体情况，该报告应当经期货公司法定代表人签字确认。该报告经董事会审议通过后，应当向期货公司全体股东提交或进行信息披露。

第二十一条　净资本与风险资本准备的比例与上月相比向不利方向变动

超过 20%的，期货公司应当向公司住所地中国证监会派出机构提交书面报告，说明原因，并在 5 个工作日内向全体董事提交书面报告。

第二十二条 期货公司风险监管指标达到预警标准的，期货公司应当于当日向全体董事提交书面报告，详细说明原因、对期货公司的影响、解决问题的具体措施和期限，书面报告应当同时抄送期货公司住所地中国证监会派出机构。

期货公司风险监管指标不符合规定标准的，期货公司除履行上述程序外，还应当及时向全体股东报告或进行信息披露。

第四章 监督管理

第二十三条 中国证监会派出机构应当对期货公司风险监管指标的计算过程及计算结果的真实性、准确性、完整性进行定期或者不定期检查。

中国证监会派出机构可以根据监管需要，要求期货公司聘请符合规定的会计师事务所对其风险监管报表进行专项审计。

第二十四条 期货公司的风险监管报表被相关会计师事务所出具了保留意见、带强调事项段或其他事项段无保留意见的，期货公司应当自审计意见出具的 5 个工作日内就涉及事项对风险监管指标的影响进行专项说明，并向住所地中国证监会派出机构进行书面报告。中国证监会派出机构可以视情况要求期货公司限期改正并重新编制风险监管报表；期货公司未限期改正的，中国证监会派出机构可以认定其风险监管指标不符合规定标准。

期货公司的风险监管报表被相关会计师事务所出具了无法表示意见或者否定意见的，中国证监会派出机构可以认定其风险监管指标不符合规定标准。

第二十五条 期货公司未按期报送风险监管报表或者报送的风险监管报表存在虚假记载、误导性陈述、重大遗漏的，中国证监会派出机构应当要求期货公司限期报送或者补充更正。

期货公司未在限期内报送或者补充更正的，公司住所地中国证监会派出机构应当进行现场检查；发现期货公司违反企业会计准则和本办法有关规定的，可以认定其风险监管指标不符合规定标准。

第二十六条 期货公司报送的风险监管报表存在漏报、错报，影响中国证监会及其派出机构对期货公司风险状况判断的，中国证监会派出机构应当要求期货公司立即报送更正的风险监管报表，并可以视情况采取出具警示函、监管谈话等监管措施。

第二十七条 期货公司风险监管指标达到预警标准的，进入风险预警期。

风险预警期内，中国证监会派出机构可视情况采取以下措施：

（一）要求期货公司制定风险监管指标改善方案并定期对监管指标的改善情况进行书面报告；

（二）要求期货公司进行重大业务决策时，应当至少提前 5 个工作日向住所地中国证监会派出机构报送临时报告，说明有关业务对风险监管指标的影响；

（三）要求期货公司增加内部合规检查的频率，并提交合规检查报告。

期货公司未能有效履行相关要求的，中国证监会派出机构可以视情况采取出具警示函、监管谈话等监管措施。

第二十八条　期货公司风险监管指标优于预警标准并连续保持 3 个月的，风险预警期结束。

第二十九条　期货公司风险监管指标不符合规定标准的，中国证监会派出机构应当在知晓相关情况后 2 个工作日内对期货公司不符合规定标准的情况和原因进行核实，视情况对期货公司及其董事、监事和高级管理人员采取谈话、提示、记入信用记录等监管措施，并责令期货公司限期整改，整改期限不得超过 20 个工作日。

第三十条　经过整改，期货公司风险监管指标符合规定标准的，应当向住所地中国证监会派出机构报告，中国证监会派出机构应当进行验收。

期货公司风险监管指标符合规定标准的，中国证监会派出机构应当自验收合格之日起 3 个工作日内解除对期货公司采取的有关措施。

第三十一条　期货公司逾期未改正或者经过整改风险监管指标仍不符合规定标准的，中国证监会及其派出机构可以依据《期货和衍生品法》第七十三条采取监管措施。

第三十二条　期货公司违反本办法规定的，中国证监会及其派出机构可以依据《期货和衍生品法》第一百三十四条、《期货交易管理条例》第六十六条的规定处罚。

第五章　附　　则

第三十三条　本办法相关用语含义如下：

（一）风险监管报表是期货公司编制的反映各项风险监管指标计算过程及计算结果的报表。

（二）资产、流动资产是指期货公司的自身资产，不含客户保证金。

（三）负债、流动负债是指期货公司的对外负债，不含客户权益。

（四）重大业务，是指可能导致期货公司风险监管指标发生10%以上变化的业务。

第三十四条 本办法自2017年10月1日起施行。《期货公司风险监管指标管理试行办法》（证监发〔2007〕55号公布、证监会公告〔2013〕12号修订）、《关于期货公司风险资本准备计算标准的规定》（证监会公告〔2013〕13号）同时废止。

期货交易者保障基金管理办法

（2007年4月19日财政部、证监会令第38号公布　根据2016年11月8日中国证券监督管理委员会、财政部《关于修改〈期货投资者保障基金管理暂行办法〉的决定》第一次修订　根据2022年8月12日中国证券监督管理委员会《关于修改、废止部分证券期货规章的决定》第二次修订）

第一章　总　　则

第一条 为保护期货交易者的合法权益，根据《中华人民共和国期货和衍生品法》（以下简称《期货和衍生品法》）、《期货交易管理条例》制定本办法。

第二条 期货交易者保障基金（以下简称保障基金）是在期货公司严重违法违规或者风险控制不力等导致保证金出现缺口，可能严重危及社会稳定和期货市场安全时，补偿交易者保证金损失的专项基金。

第三条 期货交易活动实行公开、公平、公正和交易者决策自主、风险自担的原则。

交易者在期货交易活动中因期货市场波动或者交易品种价值本身发生变化所导致的损失，由交易者自行负担。

第四条 保障基金按照取之于市场、用之于市场的原则筹集。保障基金的规模应当与期货市场的发展状况、市场风险水平相适应。

第五条 保障基金由中国证监会集中管理、统筹使用。

第六条 保障基金的管理和运用遵循公开、合理、有效的原则。

第七条 保障基金的使用遵循保障交易者合法权益和公平救助原则，实行比例补偿。

第二章　保障基金的筹集

第八条　保障基金管理机构应当以保障基金名义设立资金专用账户，专户存储保障基金。

第九条　保障基金的启动资金由期货交易所从其积累的风险准备金中按照截至2006年12月31日风险准备金账户总额的百分之十五缴纳形成。

保障基金的后续资金来源包括：

（一）期货交易所按其向期货公司会员收取的交易手续费的一定比例缴纳；

（二）期货公司从其收取的交易手续费中按照代理交易额的一定比例缴纳；

（三）保障基金管理机构追偿或者接受的其他合法财产。

保障基金的后续资金缴纳比例，由中国证监会和财政部确定，并可根据期货市场发展状况、市场风险水平等情况进行调整。

对于因财务状况恶化、风险控制不力等存在较高风险的期货公司，应当按照较高比例缴纳保障基金，各期货公司的具体缴纳比例由中国证监会根据期货公司风险状况确定。期货交易所、期货公司缴纳的保障基金在其营业成本中列支。

第十条　期货交易所、期货公司应当按年度缴纳保障基金。期货交易所应当在每年度结束后30个工作日内，缴纳前一年度应当缴纳的保障基金，并按照中国证监会和财政部确定的比例代扣代缴期货公司应当缴纳的保障基金。

第十一条　有下列情形之一的，经中国证监会、财政部批准，期货交易所、期货公司可以暂停缴纳保障基金：

（一）保障基金总额足以覆盖市场风险；

（二）期货交易所、期货公司遭受重大突发市场风险或者不可抗力。

当前款情形消除后，经中国证监会、财政部批准，应当恢复缴纳。

第十二条　对于新设立的期货公司，应当自产生经纪业务收入后纳入保障基金缴纳范围；公司停止经营的，应当告知期货交易所，对其当年应缴纳的保障基金份额进行扣缴。

第十三条　鼓励保障基金来源多元化，保障基金可以接受社会捐赠和其他合法财产。

保障基金产生的利息以及运用所产生的各种收益等孳息归属保障基金。

第三章　保障基金的管理和监管

第十四条　中国证监会、财政部可以指定相关机构作为保障基金管理机构，代为管理保障基金。

第十五条　对保障基金的管理应当遵循安全、稳健的原则，保证保障基金的安全。

保障基金的资金运用限于银行存款、购买国债、中央银行债券（包括中央银行票据）和中央级金融机构发行的金融债券，以及中国证监会和财政部批准的其他资金运用方式。

第十六条　保障基金应当实行独立核算，分别管理，并与保障基金管理机构管理的其他资产有效隔离。

保障基金管理机构应当定期编报保障基金的筹集、管理、使用报告，经会计师事务所审计后，报送中国证监会和财政部。

第十七条　保障基金管理机构、期货交易所及期货公司，应当妥善保存有关保障基金的财务凭证、账簿和报表等资料，确保财务记录和档案完整、真实。

第十八条　财政部负责保障基金财务监管。保障基金的年度收支计划和决算报财政部批准。

第十九条　中国证监会负责保障基金业务监管，对保障基金的筹集、管理和使用等情况进行定期核查。

中国证监会定期向保障基金管理机构通报期货公司总体风险状况。存在较高风险的期货公司应当每月向保障基金管理机构提供财务监管报表。

第四章　保障基金的使用

第二十条　期货公司因严重违法违规或者风险控制不力等导致保证金出现缺口的，中国证监会可以按照本办法规定决定使用保障基金，对不能清偿的交易者保证金损失予以补偿。

第二十一条　对期货交易者的保证金损失，保障基金按照下列原则予以补偿：

（一）对每位个人交易者的保证金损失在 10 万元以下（含 10 万元）的部分全额补偿，超过 10 万元的部分按百分之九十补偿；

（二）对每位机构交易者的保证金损失在 10 万元以下（含 10 万元）的部分全额补偿，超过 10 万元的部分按百分之八十补偿。

现有保障基金不足补偿的，由后续缴纳的保障基金补偿。

第二十二条 使用保障基金前，中国证监会和保障基金管理机构应当监督期货公司核实交易者保证金权益及损失，积极清理资产并变现处置，应当先以自有资金和变现资产弥补保证金缺口。不足弥补或者情况危急的，方能决定使用保障基金。

第二十三条 对交易者因参与非法期货交易而遭受的保证金损失，保障基金不予补偿。

对机构交易者以个人名义参与期货交易的，按照机构交易者补偿规则进行补偿。

第二十四条 动用保障基金对期货交易者的保证金损失进行补偿后，保障基金管理机构依法取得相应的受偿权，可以依法参与期货公司清算。

第二十五条 保障基金管理机构应当及时将保障基金的使用、补偿、追偿等情况报告中国证监会和财政部。

第五章 罚 则

第二十六条 期货公司因严重违法违规或者风险控制不力等导致保证金出现缺口的，中国证监会根据《期货交易管理条例》第六十六条、第六十七条进行处罚，吊销期货业务许可证。涉嫌犯罪的，依法移送司法机关。

第二十七条 期货交易所、期货公司违反本办法规定，延期缴纳或者拒不缴纳保障基金以及不按规定保存、报送有关信息和资料的，中国证监会根据《期货和衍生品法》第一百四十四条以及《期货交易管理条例》第六十四条、第六十六条进行处罚。

第二十八条 对挪用、侵占、骗取保障基金的违法行为，依法查处；对有关失职人员，依法追究法律责任；涉嫌犯罪的，依法移送司法机关。

第六章 附 则

第二十九条 本办法自 2007 年 8 月 1 日起施行。

期货公司期货交易咨询业务办法

（2011年3月23日证监会令第70号公布　根据2022年8月12日中国证券监督管理委员会《关于修改、废止部分证券期货规章的决定》修订）

第一章　总　　则

第一条　为了规范期货公司期货交易咨询业务活动，提高期货公司专业化服务能力，保护客户合法权益，促进期货市场更好地服务国民经济发展，根据《中华人民共和国期货和衍生品法》（以下简称《期货和衍生品法》）、《期货交易管理条例》等有关规定，制定本办法。

第二条　本办法所称期货公司期货交易咨询业务，是指期货公司基于客户委托从事的下列营利性活动：

（一）协助客户建立风险管理制度、操作流程，提供风险管理咨询、专项培训等风险管理顾问服务；

（二）收集整理期货市场信息及各类相关经济信息，研究分析期货市场及相关现货市场的价格及其相关影响因素，制作、提供研究分析报告或者资讯信息的研究分析服务；

（三）为客户设计套期保值、套利等交易方案，拟定期货交易策略等交易咨询服务；

（四）中国证券监督管理委员会（以下简称中国证监会）规定的其他活动。

第三条　期货公司从事期货交易咨询业务，应当经中国证监会批准取得期货交易咨询业务资格；期货公司从事期货交易咨询业务的人员应当符合相关从业条件。

未取得规定资格的期货公司、不符合相关从业条件的人员不得从事期货交易咨询业务活动。

第四条　期货公司及其从业人员从事期货交易咨询业务，应当遵守有关法律、法规、规章和本办法规定，遵循诚实信用原则，基于独立、客观的立场，公平对待客户，避免利益冲突。

第五条　中国证监会及其派出机构依法对期货公司及其从业人员从事期货交易咨询业务实行监督管理。

中国期货业协会对期货公司及其从业人员从事期货交易咨询业务实行自律管理。

第二章　公司业务资格和人员从业管理

第六条　期货公司申请从事期货交易咨询业务，应当具备下列条件：

（一）注册资本不低于人民币1亿元，且净资本不低于人民币8000万元；

（二）申请日前6个月的风险监管指标持续符合监管要求；

（三）具有3年以上期货从业经历并符合期货交易咨询从业条件的高级管理人员不少于1名，具有2年以上期货从业经历并符合期货交易咨询从业条件的业务人员不少于5名，且前述高级管理人员和业务人员最近3年内无不良诚信记录，未受到行政、刑事处罚，且不存在因涉嫌违法违规正被有权机关调查的情形；

（四）具有完备的期货交易咨询业务管理制度；

（五）近3年内未因违法违规经营受到行政、刑事处罚，且不存在因涉嫌重大违法违规正被有权机关调查的情形；

（六）近1年内不存在被监管机构采取《期货和衍生品法》第七十三条、第七十四条规定的监管措施的情形；

（七）中国证监会根据审慎监管原则规定的其他条件。

第七条　期货公司申请期货交易咨询业务资格，应当提交下列申请材料：

（一）期货交易咨询业务资格申请书；

（二）股东会关于申请期货交易咨询业务的决议文件；

（三）申请日前6个月的期货公司风险监管报表；

（四）期货交易咨询业务管理制度文本，内容包括部门和人员管理、业务操作、合规检查、客户回访与投诉等；

（五）最近3年的期货公司合规经营情况说明；

（六）拟从事期货交易咨询业务的高级管理人员和业务人员的名单、简历、相关任职条件和从业条件证明，以及公司出具的诚信合规证明材料；

（七）加盖公司公章的《企业法人营业执照》复印件、《经营期货业务许可证》复印件；

（八）经符合规定的会计师事务所审计的前一年度财务报告；申请日在下半年的，还应当提供经审计的半年度财务报告；

（九）律师事务所就期货公司是否符合本办法第六条第（三）、（五）项规定的条件，以及股东会决议是否合法出具的法律意见书；

（十）中国证监会规定的其他材料。

第八条　中国证监会自受理期货公司期货交易咨询业务资格申请之日起

2个月内,作出批准或者不予批准的决定。

第九条 中国期货业协会负责期货交易咨询业务从业人员的日常管理等相关工作,相关自律管理办法由中国期货业协会制定。

第三章 业务规则

第十条 期货公司及其从业人员应当以专业的技能,谨慎、勤勉、尽责地为客户提供期货交易咨询服务,保守客户的商业秘密,维护客户合法权益。

期货公司及其从业人员不得对期货交易咨询服务能力进行虚假、误导性的宣传,不得欺诈或者误导客户。

第十一条 期货公司应当按照信息公示有关规定,在营业场所、公司网站和中国期货业协会网站上公示公司的业务资格、人员的从业信息、服务内容、投诉方式等相关信息。

第十二条 期货公司开展期货交易咨询业务活动,应当遵循具体的业务操作规范,并应与自身的管理能力、业务水平和人员配置相适应,有效执行期货交易咨询业务管理制度,加强合规检查,防范业务风险。

第十三条 期货公司及其从业人员在开展期货交易咨询服务时,不得从事下列行为:

(一)向客户做获利保证,或者约定分享收益或共担风险;

(二)以虚假信息、市场传言或者内幕信息为依据向客户提供期货交易咨询服务;

(三)利用期货交易咨询活动操纵期货交易价格、进行内幕交易,或者传播虚假、误导性信息;

(四)以个人名义收取服务报酬;

(五)期货法律、法规、规章禁止的其他行为。

期货交易咨询业务人员在开展期货交易咨询服务时,不得接受客户委托代为从事期货交易。

第十四条 期货公司应当事前了解客户的身份、财务状况、交易经验等情况,认真评估客户的风险偏好、风险承受能力和服务需求,并以书面和电子形式保存客户相关信息。

期货公司应当针对客户期货交易咨询具体服务需求,揭示期货市场风险,明确告知客户独立承担期货市场风险。

第十五条 期货公司应当与客户签订期货交易咨询服务合同,明确约定服务的具体内容和费用标准等相关事项。

期货交易咨询服务合同指引和风险揭示书格式，由中国期货业协会制定。

第十六条 期货公司提供风险管理服务时，应当发挥自身专业优势，为客户制定符合其需要的风险管理制度或者操作流程，提供有针对性的风险管理咨询或者培训，不得夸大期货的风险管理功能。

期货公司应当定期评估风险管理服务效果和客户反馈意见，不断改进风险管理服务能力。

第十七条 期货公司提供研究分析服务时，应当公平对待委托客户，并采取有效措施，保证研究分析人员独立形成研究分析意见和结论。

期货公司应当建立研究分析报告和资讯信息的审阅、管理及使用机制，对研究分析报告、资讯信息的使用进行审阅和合规检查。

期货公司应当采取有效措施，防止研究分析人员以及公司内部其他人员利用研究报告、资讯信息为自身及其他利益相关方谋取不当利益。

第十八条 研究分析人员应当对研究分析报告的内容和观点负责，保证信息来源合法合规，研究方法专业审慎，分析结论合理。

研究分析报告应当制作形成适当的书面或者电子文本形式，载明期货公司名称及其业务资格、研究分析人员姓名、制作日期等内容，同时注明相关信息资料的来源、研究分析意见的局限性与使用者风险提示。

期货公司制作、提供的研究分析报告不得侵犯他人的知识产权。

第十九条 期货公司提供交易咨询服务时，应当向客户明示有无利益冲突，提示潜在的市场变化和交易风险。

期货公司提供的交易方案或者期货交易策略应当以本公司的研究报告、合法取得的研究报告、相关行业信息资料以及公开发布的相关信息等为主要依据。

期货公司应当告知客户自主做出期货交易决策，独立承担期货交易后果，并不得泄露客户的交易决策计划信息。

第二十条 期货公司以期货交易软件、终端设备为载体，向客户提供交易咨询服务或者具有类似功能服务的，应当执行本办法，并向客户说明交易软件、终端设备的基本功能，揭示使用局限性，说明相关数据信息来源，不得对交易软件、终端设备的使用价值或功能作出虚假、误导性宣传。

第二十一条 期货公司应当对期货交易咨询业务操作实行留痕管理，并按照中国证监会规定的保存年限和要求，妥善保存期货交易咨询业务的风险揭示书、合同、风险管理意见、研究分析报告、交易咨询建议、期货交易软件或者终端设备说明等业务材料。

第二十二条 期货公司应当有效执行期货交易咨询业务管理制度中的客

户回访与投诉规定，明确客户回访与投诉的内容、要求、程序，及时、妥善处理客户投诉事项。

第四章　防范利益冲突

第二十三条　期货公司应当制定防范期货交易咨询业务与其他期货业务之间利益冲突的管理制度，建立健全信息隔离机制，并保持办公场所和办公设备相对独立。

期货交易咨询业务活动之间可能发生利益冲突的，期货公司应当作出必要的岗位独立、信息隔离和人员回避等工作安排。

期货公司首席风险官应当对前款规定事项进行检查落实。

第二十四条　期货公司及其从业人员与客户之间可能发生利益冲突的，应当遵循客户利益优先的原则予以处理；不同客户之间存在利益冲突的，应当遵循公平对待的原则予以处理。

第二十五条　期货公司总部应当设立独立的部门，对期货交易咨询业务实行统一管理。

期货公司营业部应当在公司总部的统一管理下对外提供期货交易咨询服务。

第二十六条　期货交易咨询业务人员应当以期货公司名义开展期货交易咨询业务活动，不得以个人名义为客户提供期货交易咨询服务。

第二十七条　期货交易咨询业务人员应当与交易、结算、风险控制、财务、技术等业务人员岗位独立，职责分离。

第五章　监督管理和法律责任

第二十八条　期货公司应当按照规定的内容与格式要求，每月向住所地中国证监会派出机构报送期货交易咨询业务信息。

第二十九条　期货公司首席风险官负责监督期货交易咨询业务管理制度的制定和执行，对期货交易咨询业务的合规性定期检查，并依法履行督促整改和报告职责。

期货公司首席风险官向住所地中国证监会派出机构报送的季度报告、年度报告中，应当包括本公司期货交易咨询业务的合规性及其检查情况，并重点就防范利益冲突作出说明。

第三十条　中国证监会及其派出机构按照审慎监管原则，定期或者不定期对期货公司期货交易咨询业务进行检查。

第三十一条 期货公司未取得规定资格从事期货交易咨询业务活动的，或者任用不具备相应条件的人员从事期货交易咨询业务活动的，责令改正；情节严重的，根据《期货和衍生品法》第一百三十二条、《期货交易管理条例》第六十六条的规定处罚。

第三十二条 期货公司或其从业人员开展期货交易咨询业务出现下列情形之一的，中国证监会及其派出机构可以针对具体情况，根据《期货和衍生品法》第七十三条的规定采取相应监管措施：

（一）对期货交易咨询服务能力进行虚假、误导性宣传，欺诈或者误导客户；

（二）高级管理人员缺位或者业务部门人员低于规定要求；

（三）以个人名义为客户提供期货交易咨询服务；

（四）违反本办法第十三条规定；

（五）未按照规定建立防范利益冲突的管理制度、机制；

（六）未有效执行防范利益冲突管理制度、机制且处置失当，导致发生重大利益冲突事件；

（七）利用研究报告、资讯信息为自身及其他利益相关方谋取不当利益；

（八）其他不符合本办法规定的情形。

期货公司或其从业人员出现前款所列情形之一，根据《期货和衍生品法》第一百二十五条、第一百二十六条、第一百二十七条、第一百三十五条，《期货交易管理条例》第六十六条、第六十七条相关规定处罚；涉嫌犯罪的，依法移送司法机关。

第六章　附　　则

第三十三条 期货公司基于期货经纪业务向客户提供咨询、培训等附属服务的，应当遵守期货法规、规章的相关规定。

第三十四条 期货公司及其从业人员通过报刊、电视、电台和网络等公共媒体开展期货行情分析等信息传播活动的，期货公司应当取得期货交易咨询业务资格、从业人员应当符合相关条件，遵守金融信息传播相关规定，保护他人的知识产权；在开展期货信息传播活动前，期货公司及其从业人员应当向住所地的中国证监会派出机构报告。

第三十五条 证券经营机构从事期货交易咨询业务活动的资格条件和监管要求等由中国证监会另行规定。

第三十六条 本办法自 2011 年 5 月 1 日起施行。

证券期货经营机构及其工作人员廉洁从业规定

（2018 年 6 月 27 日证监会令第 145 号公布　根据 2022 年 8 月 12 日中国证券监督管理委员会《关于修改、废止部分证券期货规章的决定》修订）

第一条　为促进资本市场健康发展，净化资本市场生态环境，保护投资者合法权益，切实加强对证券期货经营机构及其工作人员廉洁从业的监督管理，根据《中华人民共和国证券法》（以下简称《证券法》）、《中华人民共和国证券投资基金法》（以下简称《证券投资基金法》）、《中华人民共和国期货和衍生品法》（以下简称《期货和衍生品法》）、《证券公司监督管理条例》《期货交易管理条例》等法律法规，制定本规定。

第二条　本规定所称廉洁从业，是指证券期货经营机构及其工作人员在开展证券期货业务及相关活动中，严格遵守法律法规、中国证监会的规定和行业自律规则，遵守社会公德、商业道德、职业道德和行为规范，公平竞争，合规经营，忠实勤勉，诚实守信，不直接或者间接向他人输送不正当利益或者谋取不正当利益。

第三条　中国证监会应当加强对证券期货经营机构及其工作人员廉洁从业的监督管理。

中国证券业协会、中国期货业协会、中国证券投资基金业协会等自律组织依据章程、相关自律规则对证券期货经营机构及其工作人员进行廉洁从业的自律管理。

第四条　证券期货经营机构承担廉洁从业风险防控主体责任。

证券期货经营机构董事会决定廉洁从业管理目标，对廉洁从业管理的有效性承担责任。证券期货经营机构主要负责人是落实廉洁从业管理职责的第一责任人，各级负责人在职责范围内承担相应管理责任。

第五条　证券期货经营机构应当指定专门部门对本机构及其工作人员的廉洁从业情况进行监督、检查，充分发挥纪检监察、合规、审计等部门的合力，发现问题及时处理，重大情况及时报告。

第六条　证券期货经营机构应当建立健全廉洁从业内部控制制度，制定具体、有效的事前风险防范体系、事中管控措施和事后追责机制，对所从事的业务种类、环节及相关工作进行科学、系统的廉洁风险评估，识别廉洁从业风险点,强化岗位制衡与内部监督机制并确保运作有效。

前款规定的业务种类、环节包括业务承揽、承做、销售、交易、结算、交割、投资、采购、商业合作、人员招聘,以及申请行政许可、接受监管执法和自律管理等。

第七条 证券期货经营机构应当制定工作人员廉洁从业规范,明确廉洁从业要求,加强从业人员廉洁培训和教育,培育廉洁从业文化。

证券期货经营机构应当将工作人员廉洁从业纳入工作人员管理体系,在遇有人员聘用、晋级、提拔、离职以及考核、审计、稽核等情形时,对其廉洁从业情况予以考察评估。

第八条 证券期货经营机构应当强化财经纪律,杜绝账外账等不规范行为。对于业务活动中产生的费用支出制定明确的内部决策流程和具体标准,确保相关费用支出合法合规。

第九条 证券期货经营机构及其工作人员在开展证券期货业务及相关活动中,不得以下列方式向公职人员、客户、正在洽谈的潜在客户或者其他利益关系人输送不正当利益:

(一)提供礼金、礼品、房产、汽车、有价证券、股权、佣金返还等财物,或者为上述行为提供代持等便利;

(二)提供旅游、宴请、娱乐健身、工作安排等利益;

(三)安排显著偏离公允价格的结构化、高收益、保本理财产品等交易;

(四)直接或者间接向他人提供内幕信息、未公开信息、商业秘密和客户信息,明示或者暗示他人从事相关交易活动;

(五)其他输送不正当利益的情形。

证券期货经营机构及其工作人员按照证券期货经营机构依法制定的内部规定及限定标准,依法合理营销的,不适用前款规定。

第十条 证券期货经营机构工作人员不得以下列方式谋取不正当利益:

(一)直接或者间接以第九条所列形式收受、索取他人的财物或者利益;

(二)直接或者间接利用他人提供或主动获取的内幕信息、未公开信息、商业秘密和客户信息谋取利益;

(三)以诱导客户从事不必要交易、使用客户受托资产进行不必要交易等方式谋取利益;

(四)违规从事营利性经营活动,违规兼任可能影响其独立性的职务或者从事与所在机构或者投资者合法利益相冲突的活动;

(五)违规利用职权为近亲属或者其他利益关系人从事营利性经营活动提供便利条件;

（六）其他谋取不正当利益的情形。

第十一条 证券期货经营机构及其工作人员不得以下列方式干扰或者唆使、协助他人干扰证券期货监督管理或者自律管理工作：

（一）以不正当方式影响监督管理或者自律管理决定；

（二）以不正当方式影响监督管理或者自律管理人员工作安排；

（三）以不正当方式获取监督管理或者自律管理内部信息；

（四）协助利益关系人，拒绝、干扰、阻碍或者不配合监管人员行使监督、检查、调查职权；

（五）其他干扰证券期货监督管理或者自律管理工作的情形。

第十二条 证券期货经营机构及其工作人员在开展投资银行类业务过程中，不得以下列方式输送或者谋取不正当利益：

（一）以非公允价格或者不正当方式为自身或者利益关系人获取拟上市公司股权；

（二）以非公允价格或者不正当方式为自身或者利益关系人获取拟并购重组上市公司股权或者标的资产股权；

（三）以非公允价格为利益关系人配售债券或者约定回购债券；

（四）泄露证券发行询价和定价信息，操纵证券发行价格；

（五）直接或者间接通过聘请第三方机构或者个人的方式输送利益；

（六）以与监管人员或者其他相关人员熟悉，或者以承诺价格、利率、获得批复及获得批复时间等为手段招揽项目、商定服务费；

（七）其他输送或者谋取不正当利益的行为。

第十三条 证券期货经营机构应当对其股东、客户等相关方做好辅导和宣传工作，告知相关方应当遵守廉洁从业规定。

第十四条 证券期货经营机构应当定期或者不定期开展廉洁从业内部检查，对发现的问题及时整改，对责任人严肃处理。

责任人为中共党员的，同时按照党的纪律要求进行处理。

第十五条 证券期货经营机构应当于每年 4 月 30 日前，向中国证监会有关派出机构报送上年度廉洁从业管理情况报告。

有下列情形之一的，证券期货经营机构应当在五个工作日内，向中国证监会有关派出机构报告：

（一）证券期货经营机构在内部检查中，发现存在违反本规定行为的；

（二）证券期货经营机构及其工作人员发现监管人员存在应当回避的情形而未进行回避、利用职务之便索取或者收受不正当利益等违反廉洁规定行为的；

（三）证券期货经营机构及其工作人员发现其股东、客户等相关方以不正当手段干扰监管工作的；

（四）证券期货经营机构或者其工作人员因违反廉洁从业规定被纪检监察部门、司法机关立案调查或者被采取纪律处分、行政处罚、刑事处罚等措施的。

出现前款第（一）项情形的，应当同时向主管纪检监察部门报告，出现第（一）（二）（三）项情形且涉嫌犯罪的，相关部门应当依法移送监察、司法机关。

第十六条 中国证监会在对证券期货经营机构及其工作人员的现场检查中，可以将廉洁从业管理情况纳入检查范围。证券期货经营机构及其工作人员应当予以配合。

第十七条 中国证券业协会、中国期货业协会、中国证券投资基金业协会等自律组织应当制定和实施行业廉洁从业自律规则，监督、检查会员及其从业人员的执业行为，对违反廉洁从业规定的采取自律惩戒措施，并按照规定记入证券期货市场诚信档案。

第十八条 证券期货经营机构及其工作人员违反本规定的，中国证监会可以采取出具警示函、责令参加培训、责令定期报告、责令改正、监管谈话、认定为不适当人选、暂不受理行政许可相关文件等行政监管措施。

第十九条 证券期货经营机构及其工作人员违反本规定，并违反《证券法》《证券投资基金法》《期货和衍生品法》《证券公司监督管理条例》《期货交易管理条例》规定的，中国证监会可以采取限制业务活动，限制向董事、监事、高级管理人员支付报酬、提供福利，责令更换董事、监事、高级管理人员等行政监管措施，并按照相关法律法规的规定进行处罚。

第二十条 证券期货经营机构及其工作人员违反本规定第九条、第十条、第十一条、第十二条、第十三条、第十四条、第十五条规定，按照相关法律法规的规定进行处罚，相关法律法规没有规定的，处以警告、3万元以下罚款。

第二十一条 证券期货经营机构及其工作人员违反本规定，公司董事、监事、高级管理人员和其他人员负有管理责任的，中国证监会可以对其采取第十八条和第二十条规定的行政监管措施或者行政处罚。

第二十二条 证券期货经营机构工作人员违反相关法律法规和本规定，情节严重的，中国证监会可以依法对其采取市场禁入的措施。

证券期货经营机构工作人员在开展证券期货业务及相关活动中向公职人员及其利益关系人输送不正当利益，或者唆使、协助他人向公职人员及其利益关系人输送不正当利益，情节特别严重的，中国证监会可以依法对其采取终身市场禁入的措施。

第二十三条 证券期货经营机构及其工作人员违反本规定，有下列情形之一的，中国证监会应当从重处理：

（一）直接、间接或者唆使、协助他人向监管人员输送利益；

（二）连续或者多次违反本规定；

（三）涉及金额较大或者涉及人员较多；

（四）产生恶劣社会影响；

（五）曾为公职人员特别是监管人员，以及曾任证券期货经营机构合规风控职务的人员违反本规定；

（六）中国证监会认定应当从重处理的其他情形。

第二十四条 证券期货经营机构通过有效的廉洁从业风险管理，主动发现违反本规定的行为，并积极有效整改，落实责任追究，完善内部控制制度和业务流程，及时向中国证监会报告的，依法免于追究责任或者从轻、减轻处理。

证券期货经营机构工作人员违反本规定，事后及时向中国证监会报告，或者积极配合调查的，依法免于追究责任或者从轻、减轻处理。

第二十五条 证券期货经营机构及其工作人员涉嫌违反党纪、政纪的，中国证监会将有关情况通报相关主管单位纪检监察部门；涉嫌犯罪的，依法移送监察、司法机关，追究其刑事责任。

第二十六条 本规定所称证券期货经营机构是指证券公司、期货公司、基金管理公司及其子公司。

本规定所称监管人员包括在中国证监会及其派出机构、行业协会、证券期货交易所、全国中小企业股份转让系统等单位从事监管工作的人员、发行审核委员会委员、并购重组委员会委员等。

第二十七条 私募基金管理人、其他公募基金管理人、证券投资咨询机构、期货交易咨询机构、证券资信评级机构、基金销售机构、基金托管人以及从事基金评价、基金估值、信息技术服务等证券期货服务类机构参照本规定执行。

第二十八条 中央纪委驻中国证监会纪检组及系统各级纪检监察机关对中国证监会、相关自律组织的上述工作开展监督、检查、问责。

第二十九条 本规定自公布之日起施行。

关于加强证券期货信息传播管理的若干规定

（1997 年 12 月 12 日公布　根据 2022 年 8 月 12 日中国证券监督管理委员会《关于修改、废止部分证券期货规章的决定》修订）

第一条　为了加强对证券期货信息传播的管理，规范证券期货信息传播行为，保护投资者和社会公众的利益，维护社会秩序，制定本规定。

第二条　下列传播媒体依照本规定可以刊发和传播证券期货信息：

（一）经新闻出版署批准公开发行的证券期货专业报刊；

（二）经新闻出版署批准公开发行的综合类、经济类报刊；

（三）各类通讯社；

（四）经广播电影电视部批准设立的广播电台、电视台、有线台；

（五）经邮电部门批准设立的电话信息服务台、寻呼台；

（六）依法登记注册的计算机信息服务公司；

（七）中国证券监督管理委员会（以下简称中国证监会）会同有关部门认定的其他传播媒体。

第三条　本规定所称证券期货信息是指与证券期货市场相关，可能会对市场产生影响的信息，包括：

（一）国家颁布的法律、法规及政策性信息；

（二）证券期货主管部门发布的规章、规范性文件，发言人谈话，以及其他政策性信息；

（三）交易所、上市公司等按照法定程序发布的信息；

（四）有关证券期货市场的研究、报道等信息；

（五）分析并预测证券、期货市场及个股、期货品种或合约的行情走势，提供具体投资建议的分析文章、评论、报告等信息；

（六）中国证监会会同有关部门认定的其他信息。

第四条　传播证券期货信息，必须遵守国家法律、法规、规章，坚持客观、准确、完整和公正的原则。禁止任何单位和个人制造和传播证券期货市场虚假信息。

第五条　任何单位和个人未经新闻出版署批准，不得印刷、出版、销售载有证券期货信息的各类出版物；未经邮电部门批准不得开办以传播证券期货信息为内容的电话信息服务台和寻呼台；未经广播电视行政部门批准，不得开办以证券期货信息为内容的广播电视服务；未经工商行政管理部门核准不得从事证券期货计算机信息服务。内部报刊所载的证券期货信息只能限于内部使用,不得向社会公众提供。

省内发行报刊刊载证券期货信息的,应严格限定在本省范围内发行。

第六条　证券期货专业报刊不得向任何机构和个人出租版面,不得与个人合办栏目。与机构合办栏目,稿件的终审权在报刊社,报刊社不得准许合作方工作人员以本报刊社记者的身份从事采访活动。

第七条　证券期货专业报刊、经济类报刊刊发本规定第三条所述第(五)项信息时,必须对撰稿人是否符合证券投资咨询、期货交易咨询业务相关从业要求进行审查,撰稿人不能提供证明文件时,其稿件不得刊发。

证券期货专业报刊、经济类报刊刊发第三条所述第(五)项信息时,必须署明作者的真实单位和真实姓名。

第八条　综合类报刊开设证券期货专刊、专版或刊发第三条所述第(五)项信息,需经新闻出版署审批。

第九条　电台、电视台不得向任何机构和个人出租节目时间开办证券期货节目;不得与个人合办证券期货节目;聘请个人做证券期货节目主持人播发第三条所述第(五)项信息时,必须对被聘人员是否符合证券投资咨询、期货交易咨询业务相关从业要求进行审查,被聘人员不能提供证明文件时,电台、电视台不能聘其主持该类节目。与机构合办证券期货节目,节目的终审权在电台、电视台。电台、电视台不得准许合作方的工作人员以本电台、电视台记者身份从事采访活动。

第十条　电台、电视台播发第三条所述第(五)项信息时,必须对撰稿人是否符合证券投资咨询、期货交易咨询业务相关从业要求进行审查。撰稿人不能提供证明文件时,其稿件不得播发。

电台、电视台播发第三条所述第(五)项信息时,必须说明作者的真实单位和真实姓名。

第十一条　寻呼台不得发布第三条所述第(四)、(五)项信息。

第十二条　电话信息服务台、计算机信息服务公司聘请人员主持或传播第三条所述第(五)项信息时,被聘者或撰稿人必须是符合证券投资咨询、期货交易咨询业务相关从业要求的咨询人员。

在其产品(软件)中刊载第三条所述第(五)项咨询报告时,报告撰稿人必须署名真实姓名,并且是符合证券投资咨询、期货交易咨询业务相关从业要求的咨询人员。

第十三条　传播媒体有违反本规定的行为,由有关主管部门会同证券期货监督管理部门,根据各自的职能,视情节轻重,依法分别给予警告、罚款、责令暂停其传播第三条所述第(五)项信息,直至吊销其营业执照或刊号,并对直接责任人员和有关领导人员依法给予处罚;构成犯罪的,由司法机关依法追究刑事责任。

第十四条 各省、自治区、直辖市有关主管部门可以依据本规定制定具体实施办法。

第十五条 本规定由中国证监会会同有关部门负责解释。

第十六条 本规定自1998年4月1日起执行。

证券期货业反洗钱工作实施办法

(2010年9月1日证监会令第68号公布 根据2022年8月12日中国证券监督管理委员会《关于修改、废止部分证券期货规章的决定》修订)

第一章 总 则

第一条 为进一步配合国务院反洗钱行政主管部门加强证券期货业反洗钱工作,有效防范证券期货业洗钱和恐怖融资风险,规范行业反洗钱监管行为,推动证券期货经营机构认真落实反洗钱工作,维护证券期货市场秩序,根据《中华人民共和国反洗钱法》(以下简称《反洗钱法》)、《中华人民共和国证券法》《中华人民共和国证券投资基金法》《中华人民共和国期货和衍生品法》及《期货交易管理条例》等法律法规,制定本办法。

第二条 本办法适用于中华人民共和国境内的证券期货业反洗钱工作。

从事基金销售业务的机构在基金销售业务中履行反洗钱责任适用本办法。

第三条 中国证券监督管理委员会(以下简称证监会)依法配合国务院反洗钱行政主管部门履行证券期货业反洗钱监管职责,制定证券期货业反洗钱工作的规章制度,组织、协调、指导证券公司、期货公司和基金管理公司(以下简称证券期货经营机构)的反洗钱工作。

证监会派出机构按照本办法的规定,履行辖区内证券期货业反洗钱监管职责。

第四条 中国证券业协会和中国期货业协会依照本办法的规定,履行证券期货业反洗钱自律管理职责。

第五条 证券期货经营机构应当依法建立健全反洗钱工作制度,按照本办法规定向当地证监会派出机构报送相关信息。证券期货经营机构发现证券期货业内涉嫌洗钱活动线索,应当依法向反洗钱行政主管部门、侦查机关举报。

第二章　监管机构及行业协会职责

第六条　证监会负责组织、协调、指导证券期货业的反洗钱工作,履行以下反洗钱工作职责:

(一)配合国务院反洗钱行政主管部门研究制定证券期货业反洗钱工作的政策、规划,研究解决证券期货业反洗钱工作重大和疑难问题,及时向国务院反洗钱行政主管部门通报反洗钱工作信息;

(二)参与制定证券期货经营机构反洗钱有关规章,对证券期货经营机构提出建立健全反洗钱内控制度的要求,在证券期货经营机构市场准入和人员任职方面贯彻反洗钱要求;

(三)配合国务院反洗钱行政主管部门对证券期货经营机构实施反洗钱监管;

(四)会同国务院反洗钱行政主管部门指导中国证券业协会、中国期货业协会制定反洗钱工作指引,开展反洗钱宣传和培训;

(五)研究证券期货业反洗钱的重大问题并提出政策建议;

(六)及时向侦查机关报告涉嫌洗钱犯罪的交易活动,协助司法部门调查处理涉嫌洗钱犯罪案件;

(七)对派出机构落实反洗钱监管工作情况进行考评,对中国证券业协会、中国期货业协会落实反洗钱工作进行指导;

(八)法律、行政法规规定的其他职责。

第七条　证监会派出机构履行以下反洗钱工作职责:

(一)配合当地反洗钱行政主管部门对辖区证券期货经营机构实施反洗钱监管,并建立信息交流机制;

(二)定期向证监会报送辖区内半年度和年度反洗钱工作情况,及时报告辖区证券期货经营机构受反洗钱行政主管部门检查或处罚等信息及相关重大事件;

(三)组织、指导辖区证券期货业的反洗钱培训和宣传工作;

(四)研究辖区证券期货业反洗钱工作问题,并提出改进措施;

(五)法律、行政法规以及证监会规定的其他职责。

第八条　中国证券业协会、中国期货业协会履行以下反洗钱工作职责:

（一）在证监会的指导下，制定和修改行业反洗钱相关工作指引；

（二）组织会员单位开展反洗钱培训和宣传工作；

（三）定期向证监会报送协会年度反洗钱工作报告，及时报告相关重大事件；

（四）组织会员单位研究行业反洗钱工作的相关问题；

（五）法律、行政法规以及证监会规定的其他职责。

第三章　证券期货经营机构反洗钱义务

第九条　证券期货经营机构应当依法履行反洗钱义务，建立健全反洗钱内部控制制度。证券期货经营机构负责人应当对反洗钱内部控制制度的有效实施负责，总部应当对分支机构执行反洗钱内部控制制度进行监督管理，根据要求向当地证监会派出机构报告反洗钱工作开展情况。

第十条　证券期货经营机构应当向当地证监会派出机构报送其内部反洗钱工作部门设置、负责人及专门负责反洗钱工作的人员的联系方式等相关信息。如有变更，应当自变更之日起10个工作日内报送更新后的相关信息。

第十一条　证券期货经营机构应当在发现以下事项发生后的5个工作日内，以书面方式向当地证监会派出机构报告：

（一）证券期货经营机构受到反洗钱行政主管部门检查或处罚的；

（二）证券期货经营机构或其客户从事或涉嫌从事洗钱活动，被反洗钱行政主管部门、侦查机关或者司法机关处罚的；

（三）其他涉及反洗钱工作的重大事项。

第十二条　证券期货经营机构应当按照反洗钱法律法规的要求及时建立客户风险等级划分制度，并报当地证监会派出机构备案。在持续关注的基础上，应适时调整客户风险等级。

第十三条　证券期货经营机构在为客户办理业务过程中，发现客户所提供的个人身份证件或机构资料涉嫌虚假记载的，应当拒绝办理；发现存在可疑之处的，应当要求客户补充提供个人身份证件或机构原件等足以证实其身份的相关证明材料，无法证实的，应当拒绝办理。

第十四条　证券期货经营机构通过销售机构向客户销售基金等金融产品时，应当通过合同、协议或其他书面文件，明确双方在客户身份识别、客户身份资料和交易记录保存与信息交换、大额交易和可疑交易报告等方面的反洗钱职责和程序。

第十五条　证券期货经营机构应当建立反洗钱工作保密制度，并报当地证监会派出机构备案。

反洗钱工作保密事项包括以下内容：

（一）客户身份资料及客户风险等级划分资料；

（二）交易记录；

（三）大额交易报告；

（四）可疑交易报告；

（五）履行反洗钱义务所知悉的国家执法部门调查涉嫌洗钱活动的信息；

（六）其他涉及反洗钱工作的保密事项。

查阅、复制涉密档案应当实施书面登记制度。

第十六条 证券期货经营机构应当建立反洗钱培训、宣传制度，每年开展对单位员工的反洗钱培训工作和对客户的反洗钱宣传工作，持续完善反洗钱的预防和监控措施。每年年初，应当向当地证监会派出机构上报反洗钱培训和宣传的落实情况。

第十七条 证券期货经营机构不遵守本办法有关报告、备案或建立相关内控制度等规定的，证监会及其派出机构可采取责令改正、监管谈话或责令参加培训等监管措施。

第四章 附 则

第十八条 本办法自2010年10月1日起施行。

证券期货投资者适当性管理办法

（2016年12月12日证监会令第130号公布 根据2020年10月30日中国证券监督管理委员会《关于修改、废止部分证券期货规章的决定》第一次修订 根据2022年8月12日中国证券监督管理委员会《关于修改、废止部分证券期货规章的决定》第二次修订）

第一条 为了规范证券期货投资者适当性管理，维护投资者合法权益，根据《中华人民共和国证券法》（以下简称《证券法》）、《中华人民共和国证券投资基金法》（以下简称《证券投资基金法》）、《中华人民共和国期货和衍生品法》（以下简称《期货和衍生品法》）、《证券公司监督管理条例》《期货交易管理条例》及其他相关法律、行政法规，制定本办法。

第二条 向投资者销售公开或者非公开发行的证券、公开或者非公开募集的证券投资基金和股权投资基金(包括创业投资基金,以下简称基金)、公开或者非公开转让的期货及其他衍生产品,或者为投资者提供相关业务服务的,适用本办法。

本办法所称投资者,包括《证券法》规定的投资者,《证券投资基金法》规定的投资人、基金份额持有人,以及《期货和衍生品法》规定的交易者等。

第三条 向投资者销售证券期货产品或者提供证券期货服务的机构(以下简称经营机构)应当遵守法律、行政法规、本办法及其他有关规定,在销售产品或者提供服务的过程中,勤勉尽责,审慎履职,全面了解投资者情况,深入调查分析产品或者服务信息,科学有效评估,充分揭示风险,基于投资者的不同风险承受能力以及产品或者服务的不同风险等级等因素,提出明确的适当性匹配意见,将适当的产品或者服务销售或者提供给适合的投资者,并对违法违规行为承担法律责任。

第四条 投资者应当在了解产品或者服务情况,听取经营机构适当性意见的基础上,根据自身能力审慎决策,独立承担投资风险。

经营机构的适当性匹配意见不表明其对产品或者服务的风险和收益做出实质性判断或者保证。

第五条 中国证券监督管理委员会(以下简称中国证监会)及其派出机构依照法律、行政法规、本办法及其他相关规定,对经营机构履行适当性义务进行监督管理。

证券期货交易场所、登记结算机构及中国证券业协会、中国期货业协会、中国证券投资基金业协会(以下统称行业协会)等自律组织对经营机构履行适当性义务进行自律管理。

第六条 经营机构向投资者销售产品或者提供服务时,应当了解投资者的下列信息:

(一)自然人的姓名、住址、职业、年龄、联系方式,法人或者其他组织的名称、注册地址、办公地址、性质、资质及经营范围等基本信息;

(二)收入来源和数额、资产、债务等财务状况;

(三)投资相关的学习、工作经历及投资经验;

(四)投资期限、品种、期望收益等投资目标;

(五)风险偏好及可承受的损失;

(六)诚信记录;

(七)实际控制投资者的自然人和交易的实际受益人;

(八)法律法规、自律规则规定的投资者准入要求相关信息;

(九)其他必要信息。

第七条　投资者分为普通投资者与专业投资者。

普通投资者在信息告知、风险警示、适当性匹配等方面享有特别保护。

第八条　符合下列条件之一的是专业投资者：

（一）经有关金融监管部门批准设立的金融机构，包括证券公司、期货公司、基金管理公司及其子公司、商业银行、保险公司、信托公司、财务公司等；经行业协会备案或者登记的证券公司子公司、期货公司子公司、私募基金管理人。

（二）上述机构面向投资者发行的理财产品，包括但不限于证券公司资产管理产品、基金管理公司及其子公司产品、期货公司资产管理产品、银行理财产品、保险产品、信托产品、经行业协会备案的私募基金。

（三）社会保障基金、企业年金等养老基金，慈善基金等社会公益基金，合格境外机构投资者（QFII）、人民币合格境外机构投资者（RQFII）。

（四）同时符合下列条件的法人或者其他组织：

1. 最近 1 年末净资产不低于 2000 万元；

2. 最近 1 年末金融资产不低于 1000 万元；

3. 具有 2 年以上证券、基金、期货、黄金、外汇等投资经历。

（五）同时符合下列条件的自然人：

1. 金融资产不低于 500 万元，或者最近 3 年个人年均收入不低于 50 万元；

2. 具有 2 年以上证券、基金、期货、黄金、外汇等投资经历，或者具有 2 年以上金融产品设计、投资、风险管理及相关工作经历，或者属于本条第（一）项规定的专业投资者的高级管理人员、获得职业资格认证的从事金融相关业务的注册会计师和律师。

前款所称金融资产，是指银行存款、股票、债券、基金份额、资产管理计划、银行理财产品、信托计划、保险产品、期货及其他衍生产品等。

第九条　经营机构可以根据专业投资者的业务资格、投资实力、投资经历等因素，对专业投资者进行细化分类和管理。

第十条　专业投资者之外的投资者为普通投资者。

经营机构应当按照有效维护投资者合法权益的要求，综合考虑收入来源、资产状况、债务、投资知识和经验、风险偏好、诚信状况等因素，确定普通投资者的风险承受能力，对其进行细化分类和管理。

第十一条　普通投资者和专业投资者在一定条件下可以互相转化。

符合本办法第八条第（四）、（五）项规定的专业投资者，可以书面告知经营机构选择成为普通投资者，经营机构应当对其履行相应的适当性义务。

符合下列条件之一的普通投资者可以申请转化成为专业投资者，但经营机构有权自主决定是否同意其转化：

（一）最近1年末净资产不低于1000万元，最近1年末金融资产不低于500万元，且具有1年以上证券、基金、期货、黄金、外汇等投资经历的除专业投资者外的法人或其他组织；

（二）金融资产不低于300万元或者最近3年个人年均收入不低于30万元，且具有1年以上证券、基金、期货、黄金、外汇等投资经历或者1年以上金融产品设计、投资、风险管理及相关工作经历的自然人投资者。

第十二条 普通投资者申请成为专业投资者应当以书面形式向经营机构提出申请并确认自主承担可能产生的风险和后果，提供相关证明材料。

经营机构应当通过追加了解信息、投资知识测试或者模拟交易等方式对投资者进行谨慎评估，确认其符合前条要求，说明对不同类别投资者履行适当性义务的差别，警示可能承担的投资风险，告知申请的审查结果及其理由。

第十三条 经营机构应当告知投资者，其根据本办法第六条规定所提供的信息发生重要变化、可能影响分类的，应及时告知经营机构。经营机构应当建立投资者评估数据库并及时更新，充分使用已了解信息和已有评估结果，避免重复采集，提高评估效率。

第十四条 中国证监会、自律组织在针对特定市场、产品或者服务制定规则时，可以考虑风险性、复杂性以及投资者的认知难度等因素，从资产规模、收入水平、风险识别能力和风险承担能力、投资认购最低金额等方面，规定投资者准入要求。投资者准入要求包含资产指标的，应当规定投资者在购买产品或者接受服务前一定时期内符合该指标。

现有市场、产品或者服务规定投资者准入要求的，应当符合前款规定。

第十五条 经营机构应当了解所销售产品或者所提供服务的信息，根据风险特征和程度，对销售的产品或者提供的服务划分风险等级。

第十六条 划分产品或者服务风险等级时应当综合考虑以下因素：

（一）流动性；

（二）到期时限；

（三）杠杆情况；

（四）结构复杂性；

（五）投资单位产品或者相关服务的最低金额；

（六）投资方向和投资范围；

（七）募集方式；

（八）发行人等相关主体的信用状况；

（九）同类产品或者服务过往业绩；

（十）其他因素。

涉及投资组合的产品或者服务，应当按照产品或者服务整体风险等级进行评估。

第十七条 产品或者服务存在下列因素的，应当审慎评估其风险等级：

（一）存在本金损失的可能性，因杠杆交易等因素容易导致本金大部分或者全部损失的产品或者服务；

（二）产品或者服务的流动变现能力，因无公开交易市场、参与投资者少等因素导致难以在短期内以合理价格顺利变现的产品或者服务；

（三）产品或者服务的可理解性，因结构复杂、不易估值等因素导致普通人难以理解其条款和特征的产品或者服务；

（四）产品或者服务的募集方式，涉及面广、影响力大的公募产品或者相关服务；

（五）产品或者服务的跨境因素，存在市场差异、适用境外法律等情形的跨境发行或者交易的产品或者服务；

（六）自律组织认定的高风险产品或者服务；

（七）其他有可能构成投资风险的因素。

第十八条 经营机构应当根据产品或者服务的不同风险等级，对其适合销售产品或者提供服务的投资者类型作出判断，根据投资者的不同分类，对其适合购买的产品或者接受的服务作出判断。

第十九条 经营机构告知投资者不适合购买相关产品或者接受相关服务后，投资者主动要求购买风险等级高于其风险承受能力的产品或者接受相关服务的，经营机构在确认其不属于风险承受能力最低类别的投资者后，应当就产品或者服务风险高于其承受能力进行特别的书面风险警示，投资者仍坚持购买的，可以向其销售相关产品或者提供相关服务。

第二十条 经营机构向普通投资者销售高风险产品或者提供相关服务，应当履行特别的注意义务，包括制定专门的工作程序，追加了解相关信息，告知特别的风险点，给予普通投资者更多的考虑时间，或者增加回访频次等。

第二十一条 经营机构应当根据投资者和产品或者服务的信息变化情况，主动调整投资者分类、产品或者服务分级以及适当性匹配意见，并告知投资者上述情况。

第二十二条 禁止经营机构进行下列销售产品或者提供服务的活动：

（一）向不符合准入要求的投资者销售产品或者提供服务；

（二）向投资者就不确定事项提供确定性的判断，或者告知投资者有可能使其误认为具有确定性的意见；

（三）向普通投资者主动推介风险等级高于其风险承受能力的产品或者服务；

（四）向普通投资者主动推介不符合其投资目标的产品或者服务；

（五）向风险承受能力最低类别的投资者销售或者提供风险等级高于其风险承受能力的产品或者服务；

（六）其他违背适当性要求，损害投资者合法权益的行为。

第二十三条 经营机构向普通投资者销售产品或者提供服务前，应当告知下列信息：

（一）可能直接导致本金亏损的事项；

（二）可能直接导致超过原始本金损失的事项；

（三）因经营机构的业务或者财产状况变化，可能导致本金或者原始本金亏损的事项；

（四）因经营机构的业务或者财产状况变化，影响客户判断的重要事由；

（五）限制销售对象权利行使期限或者可解除合同期限等全部限制内容；

（六）本办法第二十九条规定的适当性匹配意见。

第二十四条 经营机构对投资者进行告知、警示，内容应当真实、准确、完整，不存在虚假记载、误导性陈述或者重大遗漏，语言应当通俗易懂；告知、警示应当采用书面形式送达投资者，并由其确认已充分理解和接受。

第二十五条 经营机构通过营业网点向普通投资者进行本办法第十二条、第二十条、第二十一条和第二十三条规定的告知、警示，应当全过程录音或者录像；通过互联网等非现场方式进行的，经营机构应当完善配套留痕安排，由普通投资者通过符合法律、行政法规要求的电子方式进行确认。

第二十六条 经营机构委托其他机构销售本机构发行的产品或者提供服务，应当审慎选择受托方，确认受托方具备代销相关产品或者提供服务的资格和落实相应适当性义务要求的能力，应当制定并告知代销方所委托产品或者提供服务的适当性管理标准和要求，代销方应当严格执行，但法律、行政法规、中国证监会其他规章另有规定的除外。

第二十七条 经营机构代销其他机构发行的产品或者提供相关服务，应当在合同中约定要求委托方提供的信息，包括本办法第十六条、第十七条规定的产品或者服务分级考虑因素等，自行对该信息进行调查核实，并履行投资者评估、适当性匹配等适当性义务。委托方不提供规定的信息、提供信息不完整的，经营机构应当拒绝代销产品或者提供服务。

第二十八条 对在委托销售中违反适当性义务的行为，委托销售机构和受托销售机构应当依法承担相应法律责任，并在委托销售合同中予以明确。

第二十九条 经营机构应当制定适当性内部管理制度，明确投资者分类、产品或者服务分级、适当性匹配的具体依据、方法、流程等，严格按照内部管理制度进行分类、分级，定期汇总分类、分级结果，并对每名投资者提出匹配意见。

经营机构应当制定并严格落实与适当性内部管理有关的限制不匹配销售行为、客户回访检查、评估与销售隔离等风控制度，以及培训考核、执业规范、监督问责等制度机制，不得采取鼓励不适当销售的考核激励措施，确保从业人员切实履行适当性义务。

第三十条 经营机构应当每半年开展一次适当性自查，形成自查报告。发现违反本办法规定的问题，应当及时处理并主动报告住所地中国证监会派出机构。

第三十一条 鼓励经营机构将投资者分类政策、产品或者服务分级政策、自查报告在公司网站或者符合中国证监会规定条件的媒体进行披露。

第三十二条 经营机构应当按照相关规定妥善保存其履行适当性义务的相关信息资料，防止泄露或者被不当利用，接受中国证监会及其派出机构和自律组织的检查。对匹配方案、告知警示资料、录音录像资料、自查报告等的保存期限不得少于20年。

第三十三条 投资者购买产品或者接受服务，按规定需要提供信息的，所提供的信息应当真实、准确、完整。投资者根据本办法第六条规定所提供的信息发生重要变化、可能影响其分类的，应当及时告知经营机构。

投资者不按照规定提供相关信息，提供信息不真实、不准确、不完整的，应当依法承担相应法律责任，经营机构应当告知其后果，并拒绝向其销售产品或者提供服务。

第三十四条 经营机构应当妥善处理适当性相关的纠纷，与投资者协商解决争议，采取必要措施支持和配合投资者提出的调解。经营机构履行适当性义务存在过错并造成投资者损失的，应当依法承担相应法律责任。

经营机构与普通投资者发生纠纷的，经营机构应当提供相关资料，证明其已向投资者履行相应义务。

第三十五条 中国证监会及其派出机构在监管中应当审核或者关注产品或者服务的适当性安排，对适当性制度落实情况进行检查，督促经营机构严格落实适当性义务，强化适当性管理。

第三十六条 证券期货交易场所应当制定完善本市场相关产品或者服务的适当性管理自律规则。

行业协会应当制定完善会员落实适当性管理要求的自律规则，制定并定期更新本行业的产品或者服务风险等级名录以及本办法第十九条、第二十二条规定的风险承受能力最低的投资者类别，供经营机构参考。经营机构评估相关产品或者服务的风险等级不得低于名录规定的风险等级。

证券期货交易场所、行业协会应当督促、引导会员履行适当性义务，对备案产品或者相关服务应当重点关注高风险产品或者服务的适当性安排。

第三十七条 经营机构违反本办法规定的，中国证监会及其派出机构可以对经营机构及其直接负责的主管人员和其他直接责任人员，采取责令改正、监管谈话、出具警示函等监督管理措施。

第三十八条 证券公司、期货公司违反本办法规定，存在较大风险或者风险隐患的，中国证监会及其派出机构可以按照《证券法》第一百四十条、《期货和衍生品法》第七十三条、《证券公司监督管理条例》第七十条、《期货交易管理条例》第五十五条的规定，采取监督管理措施。

第三十九条 违反本办法第六条、第十八条、第十九条、第二十条、第二十一条、第二十二条第（三）项至第（六）项、第二十三条、第二十四条、第三十三条规定的，按照《证券法》第一百九十八条、《证券投资基金法》第一百三十七条、《期货和衍生品法》第一百三十五条、《证券公司监督管理条例》第八十四条、《期货交易管理条例》第六十七条予以处理。

第四十条 违反本办法第二十二条第（一）项至第（二）项、第二十六条、第二十七条规定的，按照《证券投资基金法》第一百三十五条、《期货和衍生品法》第一百三十五条、《证券公司监督管理条例》第八十三条、《期货交易管理条例》第六十六条予以处理。

第四十一条 经营机构有下列情形之一的，给予警告，并处以 3 万元以下罚款；对直接负责的主管人员和其他直接责任人员，给予警告，并处以 3 万元以下罚款：

（一）违反本办法第十条，未按规定对普通投资者进行细化分类和管理的；

（二）违反本办法第十一条、第十二条，未按规定进行投资者类别转化的；

（三）违反本办法第十三条，未建立或者更新投资者评估数据库的；

（四）违反本办法第十五条，未按规定了解所销售产品或者所提供服务信息或者履行分级义务的；

（五）违反本办法第十六条、第十七条，未按规定划分产品或者服务风险等级的；

（六）违反本办法第二十五条，未按规定录音录像或者采取配套留痕安排的；

（七）违反本办法第二十九条，未按规定制定或者落实适当性内部管理制度和相关制度机制的；

（八）违反本办法第三十条，未按规定开展适当性自查的；

（九）违反本办法第三十二条，未按规定妥善保存相关信息资料的；

（十）违反本办法第六条、第十八条至第二十四条、第二十六条、第二十七条、第三十三条规定，未构成《证券法》第一百九十八条，《证券投资基金法》第一百三十五条、第一百三十七条，《期货和衍生品法》第一百三十五条，《证券公司监督管理条例》第八十三条、第八十四条，《期货交易管理条例》第六十六条、第六十七条规定情形的。

第四十二条　经营机构从业人员违反相关法律法规和本办法规定，情节严重的，中国证监会可以依法采取市场禁入的措施。

第四十三条　本办法自 2017 年 7 月 1 日起施行。

理财公司内部控制管理办法

（2022 年 8 月 22 日中国银行保险监督管理委员会令 2022 年第 4 号公布　自公布之日起施行　国司备字［2022006915］）

第一章　总　　则

第一条　根据《中华人民共和国银行业监督管理法》等法律法规，以及《人民银行 银保监会 证监会 外汇局关于规范金融机构资产管理业务的指导意见》（银发〔2018〕106 号，以下简称《指导意见》），制定本办法。

第二条　本办法适用于理财公司，包括在中华人民共和国境内依法设立的商业银行理财子公司，以及中国银行保险监督管理委员会（以下简称银保监会）批准设立的其他主要从事理财业务的非银行金融机构。

第三条　本办法所称内部控制是指理财公司为防范化解风险，保证依法合规经营和持续稳健运行而建立的组织机制、制度流程和管控措施等。

第四条　理财公司内部控制应当至少符合以下要求：

（一）贯穿决策、执行、监督和反馈全过程，覆盖各项业务流程和管理活动，覆盖所有部门、岗位和人员；

（二）形成合理制约、相互监督、切实有效的治理结构和运行机制；

（三）根据本机构发展战略、管理模式、业务规模和复杂程度、风险管理水平等及时动态优化调整；

（四）坚持审慎经营、防范风险和投资者利益优先理念，诚实守信、勤勉尽职地履行受人之托、代人理财职责，保护投资者合法权益。

第五条　银保监会及其派出机构依法对理财公司内部控制活动实施监督管理。

第二章　内部控制职责

第六条　理财公司应当建立分工合理、职责明确、相互制衡的内部控制组织架构。

理财公司应当针对内部控制风险较高的部门和业务环节，制定专门的内部控制要点和管理流程。

第七条　理财公司董事会对内部控制的有效性承担最终责任，监事会（或者不设监事会的理财公司监事，下同）履行监督职责，高级管理层负责具体执行。

理财公司董事长、监事长和高级管理人员原则上不得由理财公司股东、实际控制人及其关联方的人员兼任。

第八条　理财公司应当在高级管理层设立首席合规官。首席合规官直接向董事会负责，对本机构内部控制建设和执行情况进行审查、监督和检查，并可以直接向董事会和银保监会及其派出机构报告。首席合规官应当对理财公司内部控制相关制度、重大决策、产品、业务等进行审查，并出具书面审查意见。首席合规官不得兼任和从事直接影响其独立性的职务和活动。

首席合规官应当由理财公司董事会聘任、考核和解聘。首席合规官应当参照银保监会关于非银行金融机构行政许可事项的相关规定获得任职资格。

理财公司应当保障首席合规官开展工作所需的知情权和调查权等，确保首席合规官能够充分履职。

第九条　理财公司董事会应当指定专门部门作为内部控制职能部门，牵头内部控制体系的统筹规划、组织落实、检查评估和督促整改。

内部控制职能部门原则上由首席合规官分管。分管内部控制职能部门的高级管理人员，不得同时分管与内部控制存在利益冲突的部门。

理财公司应当在人员数量和资质、薪酬和其他激励政策、信息系统访问权限、信息系统建设以及内部信息渠道等方面，给予内部控制职能部门足够的支持。

第十条　理财公司内部审计部门应当对内部控制制度建设、执行情况和有效性进行审计，及时向董事会、监事会报告发现问题并监督整改。内部审计工作应当独立于业务经营、风险管理和内控合规。

第十一条　理财公司各部门应当对内部控制制度建设、执行情况等开展自查自评，及时向董事会、监事会、高级管理层或相关部门报告发现问题并进行整改。

第三章　内部控制活动

第十二条　理财公司应当建立健全内部控制制度体系，对各项业务活动和管理活动制定全面、系统、规范的业务制度和管理制度，并至少每年进行一次全面评估。

第十三条　理财公司应当建立理财产品设计管理制度，发行理财产品前应当严格履行内部审批程序。涉及发行创新产品、对现有产品进行重大改动、拓展新的业务领域以及其他可能增加风险的产品或业务，应当获得董事会或者董事会授权的专门委员会批准。

第十四条　理财公司应当建立产品存续期管理制度，持续跟踪每只理财产品风险监测指标变化情况，定期或者不定期开展压力测试，并及时采取有效措施。

第十五条　理财公司应当建立理财账户管理制度，理财账户用于登记投资者持有的本机构发行的所有理财产品份额及其变动情况。理财公司应当在完整准确获取投资者身份信息，采取有效措施核实其真实性的基础上，为每位投资者开立独立唯一的理财账户，提供理财账户信息查询服务。

理财产品销售、投资、收益分配等全部业务活动、业务环节涉及的资金归集、收付和划转等全部流程，应当通过银行账户及银行清算结算渠道办理。理财公司和理财业务相关机构应当严格执行银行账户管理相关规定，加强资金全流程管理监测，并实行每日登记对账，保障投资者资金安全。

理财公司不得违规开立和使用账户，不得将理财账户、银行账户与其他账户混同使用。理财公司应当至少每年跟踪监测各类账户风险及合规状况，并出具分析报告。

第十六条　理财公司应当建立理财产品销售管理制度，要求理财产品销售机构按照实名制要求，采取联网核查、生物识别等有效措施，对投资者身份进行核验并留存记录，确保投资者身份和销售信息真实有效。

理财公司应当严格隔离理财产品销售结算资金与其他资金。理财产品赎回、分红及认（申）购不成功的相应款项，应当划入投资者认（申）购时使用的银行账户；无法退回原银行账户的，理财公司和理财产品销售机构应当在验证投资者身份和意愿后，将上述款项退回投资者指定的其他同名账户。

理财产品销售信息和数据交换原则上应当通过银保监会认可的技术平台进行。参与信息和数据交换的相关机构应当符合技术平台相关规范要求，采取切实措施保障信息数据传输和存储的保密性、完整性、准确性、及时性、安全性。

第十七条 理财公司应当建立投资决策授权管理制度,合理划分投资决策职责和权限,明确授权对象、范围和期限等内容,严禁越权操作。

理财公司应当建立投资决策授权持续评价和反馈机制,至少每年评估一次授权执行情况和有效性,及时调整或者终止不适用的授权。

第十八条 理财公司应当建立理财资金投资管理制度,明确投资不同类型资产的审核标准、投资决策流程、风险控制措施和投后管理等内容,并对每笔投资进行独立审批和投资决策,保证资金投向、比例严格符合国家政策和监管要求。

理财公司应当针对理财资金投资的资产,建立风险分类标准和管理机制,及时动态调整资产风险分类结果,确保真实准确反映资产质量。

第十九条 理财公司应当建立理财产品投资账户管理制度,按照相关法律法规为不同理财产品分别设置相关投资账户,并在资金清算、会计核算、账户记录等方面确保独立、清晰与完整。

第二十条 理财公司应当建立理财投资合作机构管理制度,明确准入标准与程序、责任与义务、存续期管理、利益冲突防范机制、信息披露义务、退出机制等内容。

理财公司应当对理财投资合作机构的资质条件、专业服务能力和风险管理水平等开展尽职调查,实行名单制管理,并通过签订书面合同,明确约定双方的权利义务和风险承担方式。

理财公司应当审慎确定各类理财投资合作机构的合作限额,以及单一受托投资机构受托资产占理财公司全部委托投资资产的比例,逐笔记录委托投资有关交易信息,妥善保存相关材料,并由内部控制职能部门组织核查。

第二十一条 理财公司开展投资交易活动,应当至少采取以下内部控制措施:

(一)建立交易监测系统、预警系统和反馈系统;

(二)实行集中交易制度和投资指令审核制度,投资人员不得直接向交易人员下达投资指令或者直接进行交易;

(三)实行公平交易制度,不得在理财业务与自营业务、理财顾问和咨询服务等业务之间,理财产品之间,投资者之间或者与其他主体之间进行利益输送;

(四)实行交易记录制度,及时记录和定期核对交易信息,确保真实、准确、完整和可回溯,交易记录保存期限不得少于20年;

(五)建立投资人员、交易人员名单;

(六)建立投资人员信息公示制度,在本机构官方网站或者行业统一渠道公示投资人员任职信息，并在任职情况发生变化之日起 2 个工作日内完成公示。

第二十二条 理财公司应当建立异常交易监测制度，有效识别以下异常交易行为：

（一）大额申报、连续申报、频繁申报或者频繁撤销申报；

（二）短期内大额频繁交易；

（三）虚假申报或者虚假交易；

（四）偏离公允价格的申报或者交易；

（五）违反公平原则的交易；

（六）交易市场或者托管机构提示的异常交易；

（七）投资于禁止或者限制的投资对象和行业；

（八）与禁止或者受限的交易对手进行交易；

（九）与理财产品投资策略不符的交易；

（十）超出理财产品销售文件约定投资范围的交易；

（十一）法律、行政法规和银保监会规定的其他涉嫌异常交易行为。

理财公司应当及时对发现的异常交易行为进行分析说明，留存书面记录；没有合理说明的，应当立即取消或者终止交易，并采取应对措施。

第二十三条 理财公司应当建立内幕信息管理制度，严格设定最小知悉范围。理财公司及其人员不得利用内幕信息开展投资交易或者建议他人开展投资交易，牟取不正当利益。内幕信息的范围，依照法律、行政法规的规定确定。

第二十四条 理财公司及其人员不得利用资金、持仓或者信息等优势地位，单独或者通过合谋操纵、影响或者意图影响投资标的交易价格和交易量，损害他人合法权益。

第二十五条 理财公司应当建立利益冲突防控制度，不得向任何机构或者个人进行利益输送，不得从事损害投资者利益的活动。

理财公司应当要求全体人员及时报告可能产生利益冲突的情况，并对全体人员及其配偶、利害关系人建立证券投资申报、登记、审查、管理、处置制度。

理财公司投资人员和交易人员不得直接持有、买卖境内外股票，实施股权激励计划或者员工持股计划的除外；不得从事与本机构有利益冲突的职业或者活动，未经本机构批准不得在其他经济组织兼职；不得违规为其他机构或者个人提供投资顾问、受托管理等服务，不得利用职务便利为自己或者他人牟取不正当利益。

第二十六条 理财公司应当按照《指导意见》，以及银保监会关于关联交易管理和理财公司管理的相关规定，建立健全关联交易管理制度，全面准确识别关联方，完善关联交易内部评估和审批机制，规范管理关联交易行为。

理财公司以自有资金及理财产品投资本公司或托管机构的主要股东、实际控制人、一致行动人、最终受益人，托管机构，同一股东或托管机构控股的机构，或者与本公司或托管机构有重大利害关系的机构，以及银保监会关于关联交易管理相关规定中涉及的其他关联方发行或承销的证券、发行的资产管理产品，或者从事其他关联交易的，应当按照商业原则，以不优于对非关联方同类交易的条件进行。

理财公司以自有资金及理财产品开展关联交易的，应当在本机构官方网站或者行业统一渠道披露关联交易信息，在本机构年报中披露当年关联交易总体情况。以理财产品开展关联交易的，还应当符合理财产品投资目标、投资策略和投资者利益优先原则，并向投资者充分披露信息。

理财公司应当合理审慎设定重大关联交易判断标准。涉及重大关联交易的，理财公司应当提交董事会审批，并向银保监会及其派出机构报告。银保监会可以根据审慎监管原则，要求理财公司调整重大关联交易判断标准。

理财公司不得以自有资金或理财资金与关联方进行不正当交易、利益输送、内幕交易和操纵市场，包括但不限于投资关联方虚假项目、与关联方共同收购上市公司、向本机构注资等。

第二十七条 理财公司应当建立信息隔离制度，全面覆盖存在利益冲突的各项业务。

理财公司应当加强敏感信息识别、评估和管理，防止敏感信息不当传播和使用。敏感信息包括内幕信息和可能对投资决策产生重大影响的未公开信息等。

第二十八条 理财公司应当建立理财产品第三方独立托管制度，与托管机构签订书面合同，明确约定托管机构应当依法依规提供账户开立、财产保管、清算交割、会计核算、资产估值、信息披露、投资监督以及托管合同约定的相关服务。理财公司应当在本机构官方网站或者行业统一渠道公示托管机构信息。

第二十九条 理财公司应当建立风险准备金管理制度，按照规定计提风险准备金并进行单独管理。理财公司应当开立专门的风险准备金账户，用于风险准备金的归集、存放与支付。风险准备金账户不得与其他类型账户混用，不得存放其他性质资金。风险准备金属于特定用途资金，理财公司不得以任何形式擅自占用、挪用或借用。

理财公司应当保证风险准备金的安全性和流动性。风险准备金可以投资于银行存款、国债、中央银行票据、政策性金融债券以及银保监会认可的其他资产，其中持有现金和到期日在一年以内的国债、中央银行票据合计余额应当保持不低于风险准备金总额的10%。

第三十条 理财公司岗位管理应当至少符合以下要求：

（一）建立岗位责任制度，明确各部门、岗位职责及权限，重点业务环节实施双人、双责复核制；

（二）实施不相容岗位分离措施，形成相互制约的岗位安排；

（三）明确重要岗位清单，重要岗位人员实行轮岗或者强制休假制度；

（四）严格执行银保监会关于银行保险机构员工履职回避相关规定。

第三十一条 理财公司交易场所和设施安全管理应当至少符合以下要求：

（一）确保交易场所相对独立，配备门禁系统和监控设备，无关人员未经授权不得进入；

（二）投资人员、交易人员只能使用本机构统一管理的通讯工具开展投资交易，并应当监测留痕；

（三）交易人员的手机及其他通讯工具在交易时间集中存放保管，严禁在交易时间和交易场所违规使用手机或其他通讯工具。

第三十二条 理财公司应当建立印章印鉴管理制度，指定专人保管印章印鉴，严格用印审批流程，妥善保存用印后的书面合同，防止越权和不规范用印。

第三十三条 理财公司应当建立健全投资者权益保护制度，设置专职岗位并配备与业务规模相匹配的人员，严格实施事前协调、事中管控和事后监督，确保有效落实投资者权益保护。

理财公司应当建立有效的投资者投诉处理机制，在本机构官方网站、移动客户端、营业场所或者行业统一渠道公布投诉电话、通讯地址等投诉渠道信息和投诉处理流程，在理财产品销售文件中提供投诉电话或者其他投诉渠道信息，及时、妥善处理投资者投诉。

理财公司内部控制职能部门应当定期研究、分析信访事项中与内部控制有关的信息和问题，及时向董事会、监事会和高级管理人员报告转送、督办情况，提出处理或改进建议。

第三十四条 理财公司应当根据反洗钱、反恐怖融资及非居民金融账户涉税信息尽职调查等法律法规要求履行相关职责。

第四章　内部控制保障

第三十五条　理财公司应当加强各项业务环节管理的信息化、流程化、自动化，建立健全安全、合规、高效、可靠并且与内部控制相匹配的业务和管理等系统，为内部控制有效性提供技术保障和系统支持。

第三十六条　理财公司应当按照国家法律法规和银保监会关于信息科技监管的相关规定，加强网络安全和数据安全管理，采取身份鉴权、访问控制、日志审计、数据备份、交易反欺诈等技术措施，有效防范网络入侵、信息泄露、数据篡改、系统不可用等风险，确保各项业务环节数据的保密性、完整性、真实性和抗抵赖性。

理财公司应当建立健全投资者信息处理管理制度，依法处理投资者个人信息，严格审批程序，明确处理范围，规范处理行为，保存处理记录，确保信息处理行为可回溯，保护投资者个人信息安全。

第三十七条　理财公司应当健全数据质量控制制度和流程，指定专门部门负责数据质量管理，确保数据信息真实、完整、连续、准确和可追溯，不得迟报、漏报、错报或瞒报。

第三十八条　理财公司应当建立健全会计核算和估值系统，严格执行《企业会计准则》和《指导意见》等规定，真实准确反映各项业务交易，确认和计量理财产品净值。

理财公司发行的每只理财产品应当作为单独的会计主体独立进行会计处理，定期编制包括资产负债表、利润表、产品净值变动表、会计报表附注在内的完整财务会计报告，保证不同理财产品之间在投资者信息登记、账户设置、资金划拨、账簿记录等方面相互独立。

理财公司应当对自营业务、理财产品实施分账管理、独立核算，确保会计信息真实、可靠、完整。

第三十九条　理财公司应当合理设定内部控制考评标准，内部控制职能部门至少每年对各部门和人员内部控制活动开展一次考评，考评结果纳入绩效考核指标体系，并及时报送董事会、监事会和高级管理人员。

理财公司应当对内部控制职能部门和内部审计部门建立区别于其他部门的绩效考核机制和薪酬管理制度，以有利于其有效履行内部控制管理和监督职能。

第四十条　理财公司应当将内部控制纳入培训计划，确保每人每年接受不少于 20 小时的内部控制培训。

第五章　内部控制监督

第四十一条　理财公司内部审计部门应当至少每年开展一次内部控制审计评估,并将审计评估报告报送董事会、监事会,同时与高级管理人员及时沟通审计发现问题。

内部审计部门应当跟踪审计发现问题的整改落实情况,并及时向董事会报告。

第四十二条　理财公司应当于每年 4 月 30 日前向银保监会及其派出机构报送经董事会审议通过的上一年度内部控制报告。内容包括:内部控制执行情况、评价结果、整改情况、审计评估报告和银保监会及其派出机构要求报送的其他材料。

第四十三条　银保监会及其派出机构应当对理财公司内部控制执行情况和有效性进行持续监管,逐步建立理财公司评价体系。

银保监会及其派出机构应当将理财公司内部控制执行情况,作为非现场监管、现场检查、现场调查和有关股东监管评级的重要考虑因素。

第四十四条　理财公司及相关人员违反本办法规定的,银保监会及其派出机构应当责令限期整改,并依法采取监管措施或者实施行政处罚。

第六章　附　　则

第四十五条　本办法由银保监会负责解释。

第四十六条　本办法自公布之日起施行。过渡期为本办法施行之日起六个月。不符合本办法规定的,应当在过渡期内完成整改。

民用航空飞行签派员执照和训练机构管理规则

(2022 年 8 月 23 日交通运输部令 2022 年第 23 号公布　自 2022 年 10 月 1 日起施行　国司备字[2022006896])

目　　录

A章　总　则

第 65.1 条　目的和依据

为了规范中国民用航空飞行签派员执照与飞行签派员训练机构的合格审定和管理工作,根据《中华人民共和国民用航空法》《中华人民共和国行政许可法》和《国务院对确需保留的行政审批项目设定行政许可的决定》等法律、行政法规,制定本规则。

第 65.3 条　适用范围

(a)本规则适用于中国民用航空局(以下简称民航局)和中国民用航空地区管理局(以下简称民航地区管理局)对飞行签派员执照和飞行签派员训练机构合格证的颁发和管理。

(b)飞行签派员执照和飞行签派员训练机构合格证的申请与权利行使应当遵守本规则的规定。

(c)本规则所称飞行签派员训练机构(以下简称训练机构),是指对飞行签派员执照申请人实施执照课程训练的机构。

第 65.5 条　管理机构与职责

(a)民航局负责全国飞行签派员执照的颁发与管理工作;负责组织、指导全国训练机构的合格审定和持续监督检查工作,制定必要的工作程序,规定合格证的编号和统一格式。

(b)民航地区管理局受民航局委托负责受理本地区飞行签派员执照的申请,组织飞行签派员执照考试和定期检查;负责受理本地区训练机构的申请,对训练机构进行合格审定,颁发训练机构合格证并及时向民航局备案;负责对本地区的飞行签派员执照和训练机构实施持续监督检查。

(c)民航局和民航地区管理局统称局方。

B章　飞行签派员执照管理

第65.7条　飞行签派员执照的颁发条件

申请取得飞行签派员执照,应当具备下列条件:

(a)年满21周岁;

(b)身心健康,具有良好的职业道德和敬业精神;

(c)具有国家承认的大学本科(含)以上毕业学历;

(d)能够正确听、说、读、写并且理解汉语;

(e)符合本规则第65.13条规定的经历和训练要求;

(f)具备本规则第65.15条规定的知识和能力;

(g)通过本规则第65.17条规定的理论考试和实践考试。

第65.9条　飞行签派员执照的申请

(a)飞行签派员执照申请人(以下简称执照申请人)应当向民航地区管理局提交下列材料:

(1)《飞行签派员执照申请表》;

(2)身份证明材料和照片;

(3)学历证书;

(4)飞行签派员执照训练成绩单、结业证书,相关执照或者从业经历证明(如需要);

(5)实习经历证明;

(6)理论考试、实践考试合格成绩单。

(b)申请人应当对材料的真实性负责。

第65.11条　飞行签派员执照的受理、审查和颁发

(a)受理。民航地区管理局收到执照申请人的申请材料后,对于申请材料齐全且符合要求的,应当当场受理;对于申请材料不齐全或者不符合格式要求的,应当当场或者在5个工作日内一次性通知执照申请人需要补正的全部内容，逾期不通知视为在收到申请材料之日起即为受理。执照申请人按照民航地区管理局的通知提交全部补正材料的，民航地区管理局应当受理申请。民航地区管理局不予受理的，应当书面通知执照申请人。

（b）审查。民航地区管理局受理申请后进行初步审查，完成审查后将审查意见及申请材料一并报民航局。民航局在接到民航地区管理局报送的审查意见及申请材料后，应当自民航地区管理局受理申请之日起 20 个工作日内作出是否颁发飞行签派员执照的书面决定。作出不予颁发飞行签派员执照书面决定的，应当说明理由，并告知执照申请人享有依法申请行政复议或者提起行政诉讼的权利。

（c）颁发。民航局作出准予颁发飞行签派员执照决定的，应当自作出决定之日起 10 个工作日内向执照申请人颁发执照。

第 65.13 条　经历和训练要求

执照申请人应当符合本条（a）款或者（b）款规定的情形之一：

（a）执照申请人在执照理论考试前，应当在训练机构完成至少 1000 小时的训练，并获得结业证书。

（b）执照申请人在执照理论考试前，具有下列执照或者从业经历之一的，在训练机构完成至少 500 小时的训练，并获得结业证书：

（1）持有附加仪表等级的商用驾驶员执照或者航线运输驾驶员执照；

（2）持有民用航空情报员执照；

（3）持有民用航空气象人员执照；

（4）持有民用航空空中交通管制员执照；

（5）在国家航空器运行中担任驾驶员至少 2 年。

第 65.15 条　知识和能力要求

执照申请人应当至少具备航空法律法规规章、运行控制基础理论、系统安全管理与运行风险管控、航空器、航空气象、航行情报、通信导航与监视、空中交通管理、紧急与非正常情况处置、签派实践应用等方面的知识和能力。

第 65.17 条　考试的一般要求

（a）飞行签派员执照考试包含理论考试和实践考试两部分。符合本规则规定条件的执照申请人，应当向民航局指定的民航地区管理局申请，并在民航地区管理局指定的时间和地点考试。

（b）飞行签派员的执照理论考试和实践考试合格成绩均为百分制的 80 分。理论考试成绩有效期为 36 个日历月，实践考试应当在理论考试通过后且在理论考试成绩有效期内完成。

（c）执照申请人应当在初次实践考试前 6 个月内，在大型飞机公共航空运输承运人飞行签派部门具有执照的飞行签派员监视下进行不少于 90 个工作日的实习。

第 65.19 条　考试不合格后的再次考试

(a)执照申请人如未通过考试,可以在考试结束 30 天后向民航地区管理局申请补考,再次参加考试时间应当与前一次考试的时间间隔至少 3 个月。

(b)理论考试成绩合格,实践考试未通过的,在理论考试成绩有效期内只需申请实践考试部分的补考。理论考试成绩超出有效期的,需重新参加理论考试。

第 65.21 条　考试中禁止的行为

在考试过程中,不得有下列行为:

(a)以任何形式复制或者有意保存考试试题;

(b)交给其他人员或者从其他人员处得到考试试题的任一部分或者其副本;

(c)在考试过程中,帮助他人或者接受他人的帮助;

(d)代替他人或者由他人代替参加部分或者全部考试;

(e)使用未经局方批准的材料或者其他辅助物品;

(f)破坏考场设施;

(g)故意引起、助长或者参与本条禁止的行为;

(h)其他妨害考试的行为。

第 65.23 条　飞行签派员执照权利

(a)执照持有人可以由运营人指定从事飞行运行控制和监督工作。

(b)对于公共航空运输运行,除应当遵守本规则适用的训练、经历、资格等规定外,还应当遵守公共航空运输运行规章中的相应规定。

第 65.25 条　不得行使飞行签派员执照权利的情形

有下列情形之一的,执照持有人不得行使飞行签派员执照权利:

(a)未由运营人指定从事飞行运行控制和监督工作的;

(b)未满足公共航空运输运行规章中相关训练、经历、资格等要求的;

(c)生理或者心理状况不适合时;

(d)在饮用任何含酒精饮料之后的 8 小时之内或者处在酒精作用之下、血液中酒精含量等于或者大于 0.04 克/210 升,或者受到任何作用于精神的物品影响损及工作能力时;

(e)定期检查未通过或者未按时完成定期检查的;

(f)执照持有人与民用航空器事故或者征候有直接关系并正在接受调查的;

(g)处于被追究刑事责任期间的。

第 65.27 条　飞行签派员执照真实性

任何人不得伪造或者篡改飞行签派员执照。

第 65.29 条　飞行签派员执照有效期

除法律、法规、规章另有规定外，飞行签派员执照持续有效。

第 65.31 条　定期检查

(a)执照持有人应当自取得飞行签派员执照之日起在 36 个日历月内至少完成一次定期检查和考核。经检查、考核合格的，方可继续担任其执照载明的工作。

(b)执照持有人应当于定期检查到期前至少 30 个工作日向民航地区管理局提出申请，并在民航地区管理局指定的时间和地点参加检查。

(c)定期检查应当包含航空法律法规规章及相关文件、运行风险管控、签派放行、运行监控、航行情报、飞机性能、航空气象、应急处置等内容。

(d)执照持有人定期检查未通过或者未能按时参加定期检查的，可以再次申请定期检查，再次定期检查的时间应当与前一次定期检查的时间间隔至少 1 个月。

第 65.33 条　飞行签派员执照的换发、补发和迁转

(a)执照持有人因变更基础信息需要换发飞行签派员执照的，应当向民航地区管理局提出书面申请。申请材料应当附有申请人持有的飞行签派员执照和基础信息变更相关材料。

(b)飞行签派员执照遗失或者损坏后，执照持有人可以向民航地区管理局书面申请补发。申请材料应当写明遗失或者损坏飞行签派员执照的持有人姓名、通信地址，并提供身份证明材料。

(c)对飞行签派员执照的换发或者补发申请，民航地区管理局审查后应当报民航局办理飞行签派员执照。执照持有人在换发、补发期间，可以向民航地区管理局说明，继续行使飞行签派员执照权利。

(d)执照持有人工作单位变动且继续行使飞行签派员执照权利的，应当向民航地区管理局办理飞行签派员执照管理关系迁转。执照迁转后，原 36 个日历月定期检查仍然有效。

第 65.35 条　飞行签派员执照的交还

执照持有人被撤销飞行签派员执照的，应当在 10 个工作日内将飞行签派员执照交还民航地区管理局，由民航局予以注销。

第 65.37 条　持有非民航局颁发飞行签派员执照的人员

对于持有非民航局颁发的飞行签派员执照的人员，需要按照本规则申请中国民用航空飞行签派员执照。

C 章　训练机构合格证管理

第 65.39 条　训练机构合格证的颁发条件

(a)申请取得训练机构合格证(以下简称合格证),应当具备下列条件:

(1)有符合本规则第 65.45 条规定的人员;

(2)有符合本规则第 65.47 条规定的教室、教学设施、设备;

(3)有符合本规则第 65.49 条规定的训练大纲;

(4)有符合本规则第 65.51 条规定的训练管理手册;

(5)合格证申请人及其法定代表人、负责人、管理人员在民航行业信用信息记录中没有飞行签派员训练相关的严重失信行为信息。

第 65.41 条　合格证的申请

(a)合格证申请人应当向其所在地的民航地区管理局提交下列材料:

(1)《飞行签派员训练机构申请表》;

(2)管理人员、训练质量保证人员、教员的资格文件;

(3)教室、教学设施、设备清单和说明;

(4)训练大纲(含训练课程);

(5)训练管理手册。

(b)申请人应当对材料的真实性负责。

第 65.43 条　合格证的受理、审查和颁发

(a)受理。民航地区管理局收到合格证申请人的申请材料后,对于申请材料齐全且符合要求的,应当当场受理;对于申请材料不齐全或者不符合格式要求的,应当当场或者在 5 个工作日内一次性通知合格证申请人需要补正的全部内容,逾期不通知视为在收到申请材料之日起即为受理。合格证申请人按照民航地区管理局的通知提交全部补正材料的,民航地区管理局应当受理申请。民航地区管理局不予受理的,应当书面通知合格证申请人。

(b)审查。民航地区管理局受理申请后,对合格证申请人的申请材料进行审查,实施现场验证和检查,并自受理申请之日起 20 个工作日内作出是否颁发合格证的书面决定。作出不予颁发合格证书面决定的,应当说明理由,并告知合格证申请人享有依法申请行政复议或者提起行政诉讼的权利。检验、检测、鉴定和专家评审所需时间不计算在前述期限内,民航地区管理局应当将所需时间书面告知合格证申请人。

(c)颁发。民航地区管理局作出准予颁发合格证决定的,应当自作出决定之日起 10 个工作日内向合格证申请人颁发合格证,并向民航局备案。

第 65.45 条　人员要求

(a)训练机构应当任命一名管理人员，对符合本规则的要求负责，以确保所有的培训能够按照民航地区管理局批准的要求得以实施。训练机构可以根据培训需要任命其他的管理人员，以分管训练相关工作。管理人员中至少有一名持有飞行签派员执照并能够协调所有训练课程教学的专职工作人员，该人员应当满足下列条件之一：

(1)在按照本规则批准的或者大型飞机公共航空运输承运人的训练机构(中心/部门)从事签派员教学工作 8 年(含)以上；

(2)具备飞行签派员训练管理或者资质管理经验 8 年(含)以上；

(3)本款(1)项、(2)项的经历合计 8 年(含)以上。

(b)训练机构应当具有独立的训练质量保证人员，监督训练机构对训练大纲和训练管理手册的贯彻执行情况，在训练机构的日常运行中对教员、教材和教学进行监督检查，对影响训练质量的问题提出修改意见。

(c)教员人数不少于 15 人，其中持有飞行签派员执照的教员不少于 8 人。

(d)在训学员与教员的比例不超过 25∶1，每个教学班不超过 45 人。

(e)教员应当符合下列要求：

(1)具备下列经历之一：

(i)讲师、工程师或者助理研究员及以上职称，且 1 年以上课程助教经历；

(ii)具有局方委任代表或者运输航空公司检查员、教员、主任签派员经历之一，且具有 5 年以上飞行签派、航空器驾驶、机务维修等专业的工作经历之一；

(2)讲授签派实践应用内容的教员应当持有飞行签派员执照，每 12 个日历月内应当有不少于 10 个工作日在大型飞机公共航空运输承运人的运行控制岗位上工作或者实习；

(3)教员应当得到训练机构的书面批准方可实施教学，批准书中应当具体指明教员可以实施的教学课程；

(4)教员在初始聘任前，应当至少在一个有代表性的课程中，成功地向民航地区管理局和训练质量保证人员演示其掌握的知识、能力及熟练程度；

(5)教员在聘任前及聘任后的每 12 个日历月内，应当完成不少于下列内容的培训：

(i)教员的职能、权利、责任与限制；

(ii)有效的教学实施方法与技能方面的要素；

(iii)课程的研发及授课计划的制定；

(iv)训练政策与程序；

(v)训练设备的使用；

(vi)飞行签派员资源管理；

(vii)评估鉴定。

第 65.47 条　教室、教学设施、设备要求

(a)用于培训的教室应当符合建筑、消防、卫生和健康的强制性标准，确保温控、照明和通风，教室位置应当确保教学不会受到外界干扰。

(b)训练机构应当配备满足教学所需的设施和用具，以满足每一学员的学习需求。

(c)训练机构应当具备用于实践教学的训练设备，可模拟航空公司运行控制过程中各岗位工作；并配备飞行模拟训练器。训练设备需满足每一学员总计不低于 120 小时的实践教学训练需求。

第 65.49 条　训练大纲要求

训练大纲应当至少包含下列内容：

(a)训练课程：训练课程应当包括本规则附件 A 的知识点；根据学员的经历，课程总时间不得少于 1000 小时或者 500 小时；

(b)每个课程的教学目的、教学内容和计划课时数；

(c)每个课程所需的教员数量和资格的最低要求；

(d)每个课程训练所需设施设备的最低要求；

(e)每个课程的考核方式、合格标准和检查说明；

(f)进入该训练课程学习的学员资格条件。

第 65.51 条　训练管理手册要求

训练管理手册应当至少包含下列内容：

(a)训练机构的总政策；

(b)训练机构的内部设置及职能；

(c)组织实施训练工作的程序和方法；

(d)训练大纲、教材有效性的控制和管理方法；

(e)训练质量的保证程序和方法；

(f)教学设施、设备完好性的控制，应急和安全设备的清单及其使用说明；

(g)训练记录的保持方法；

(h)结业证书的管理方法；

(i)训练机构管理人员、训练质量保证人员、教员的资格条件、名单和资格有效性的保持方法。

第 65.53 条　训练结业证书要求

(a)训练机构应当为完成课程训练的合格学员颁发书面结业证书。

(b)结业证书应当包含下列内容：

(1)训练机构名称和合格证编号；

(2)接受结业证书的学员姓名、身份证件号码；

(3)训练课程名称、课时数、每门课程的成绩；

(4)声明该学员已完成经批准训练的每一课程，成绩合格；

(5)训练机构负责人或者其授权代表的签字以及训练机构盖章；

(6)结业证书编号；

(7)结业日期。

第 65.55 条　训练记录要求

(a)训练机构应当为每名学员建立执照课程训练记录，包括所有教员名单、涵盖的学科课程和考试成绩。该记录在学员结业后应当至少保存 3 年。

(b)训练机构应当在学员结业后 2 个月之内将训练记录报送颁发其合格证的民航地区管理局备案。报告应当包含下列内容：

(1)所有结业学员名单和成绩表；

(2)所有未结业学员和退学学员名单、成绩表或者退学原因。

第 65.57 条　合格证的内容

合格证应当载明下列内容：

(a)合格证持有人名称；

(b)合格证持有人地址；

(c)合格证编号；

(d)生效日期；

(e)颁发合格证的民航地区管理局名称；

(f)合格证持有人的权利；

(g)民航局要求的其他项目。

第 65.59 条　合格证真实性

任何人不得伪造或者篡改合格证。

第 65.61 条　合格证有效期

(a)合格证的有效期为 5 年。

(b)合格证有效期届满需要延续的，合格证持有人应当在有效期届满 30 个工作日前向其所在地的民航地区管理局提出申请。

(c)民航地区管理局对延续合格证有效期申请的受理、审查和颁发按照本规则第 65.41 条和第 65.43 条的规定办理，并在合格证有效期届满前作出是否准予延续的决定；逾期未作决定的，视为准予延续。

(d)合格证被民航地区管理局撤销的，合格证持有人应当在 10 个工作日内将其交还颁发合格证的民航地区管理局，由民航地区管理局予以注销。

第 65.63 条　合格证的修改

(a)合格证颁发所依据的法律、法规、规章修改或者废止，或者所依据的客观情况发生重大变化，民航地区管理局为了公共利益需要提出修改合格证要求时，应当遵守下列程序：

(1)民航地区管理局将修改内容以书面形式通知合格证持有人，并确定10个工作日以上的合理期限，合格证持有人可以在此期限内对修改内容提交有关书面资料和意见；

(2)民航地区管理局在收到合格证持有人提交的书面资料和意见后10个工作日内作出决定并通知合格证持有人。

(b)合格证持有人申请修改其合格证时，应当遵守下列程序：

(1)至少在拟修改内容计划实施20个工作日前提交修改申请；

(2)民航地区管理局收到修改申请后，对拟修改部分按照本规则第65.43条规定的程序办理。

第 65.65 条　合格证的展示

合格证持有人应当在其主训练地点展示合格证。

第 65.67 条　训练大纲及其修订

(a)训练机构应当制定训练大纲(含训练课程)，供相关的训练管理人员和教学人员使用。

(b)训练机构应当向民航地区管理局提交按照本规则第65.49条要求制定或者修订的训练大纲。

(c)对于符合本规则要求的训练大纲或者其修订，民航地区管理局颁发合格证或者批准其修改后，训练机构可以按照该大纲进行训练。

(d)民航地区管理局发现训练机构进行的训练与训练大纲不一致时，可以要求其对训练大纲作出修改或者对训练作出更正。

第 65.69 条　训练管理手册及其修订

(a)训练机构应当制定训练管理手册，供相关的训练管理人员和教学人员使用。

(b)训练机构应当向民航地区管理局提交按照本规则第65.51条要求制定或者修订的训练管理手册。

(c)对于符合本规则要求的训练管理手册或者其修订，民航地区管理局颁发合格证或者批准其修改后，训练机构可以按照该训练管理手册进行训练。

D章 监督管理

第 65.71 条 对飞行签派员执照的监督检查

执照持有人在行使执照权利时，应当随身携带飞行签派员执照，并接受局方的检查。

第 65.73 条 对训练机构的监督检查

(a)局方依据职责对训练机构实施监督检查。

(b)训练机构应当配合局方依法实施的监督检查，按照要求如实提供下列资料：

(1)合格证；

(2)训练大纲和训练管理手册；

(3)人员、设施、设备和相关记录。

第 65.75 条 信用管理

飞行签派员执照申请人或者持有人有下列行为之一的，依法作为严重失信行为记入民航行业信用记录：

(a)在飞行签派员执照考试过程中作弊的；

(b)在申请飞行签派员执照过程中申请材料造假，或者以欺骗、贿赂等不正当手段取得执照的；

(c)在行使飞行签派员执照权利过程中故意违法，并造成严重后果的。

E章 法律责任

第 65.77 条 违规申请和取得飞行签派员执照或者合格证的处罚

(a)飞行签派员执照申请人或者合格证申请人隐瞒有关情况或者提供虚假材料的，由民航局或者民航地区管理局给予警告；当事人在 1 年内不得再次申请飞行签派员执照或者合格证。

(b)飞行签派员执照持有人或者合格证持有人以欺骗、贿赂等不正当手段取得飞行签派员执照或者合格证的，由民航局或者民航地区管理局给予警告，撤销飞行签派员执照或者合格证；当事人在 3 年内不得再次申请飞行签派员执照或者合格证。

第 65.79 条 违规行使执照权利的处罚

(a)未取得飞行签派员执照行使执照权利的，由民航局责令其停止运行控制工作，对其所在单位处以 20 万元以下的罚款。

(b)飞行签派员执照持有人违反本规则第 65. 25 条规定的,由民航地区管理局处以警告、通报批评或者 500 元以上 1000 元以下的罚款;但是违反本规则第 65. 25 条(e)款规定的除外。

(c)运营人违反本规则第 65. 25 条规定的,由民航地区管理局责令其停止违法行为,处以 1 万元以上 3 万元以下的罚款;但是违反本规则第 65. 25 条(e)款规定的除外。

(d)飞行签派员执照持有人违反本规则第 65. 71 条规定,未随身携带飞行签派员执照的,由民航局或者民航地区管理局给予警告或者通报批评。

(e)飞行签派员执照持有人不满足本规则第 65. 7 条规定的要求,不再具备安全条件的,由民航局撤销其飞行签派员执照。

第 65. 81 条　民用航空器事故或者征候有关处罚

飞行签派员执照持有人违反法律、法规、规章,未按规定履行职责,对征候负有直接责任的,由民航地区管理局处以警告、通报批评或者 500 元以上 1000 元以下的罚款;造成航空器事故的,由民航局暂停或者撤销其飞行签派员执照。

第 65. 83 条　未取得合格证擅自训练的处罚

违反本规则规定,未取得合格证擅自对飞行签派员执照申请人实施执照课程训练的,颁发的成绩单和结业证书无效,由民航地区管理局责令停止教学活动,处以 1 万元以上 3 万元以下的罚款。

第 65. 85 条　训练机构违反本规则行为的处罚

(a)训练机构违反本规则规定,有下列情形之一的,由民航地区管理局当场予以纠正或者责令限期改正,给予警告;情节严重的,处以 1 万元以上 3 万元以下的罚款:

(1)人员未达到本规则第 65. 45 条规定要求的;

(2)教室、教学设施、设备未达到本规则第 65. 47 条规定要求的;

(3)训练大纲不符合本规则第 65. 49 条规定的要求的;

(4)训练管理手册不符合本规则第 65. 51 条规定的要求的;

(5)未按照本规则第 65. 53 条规定的要求管理训练结业证书的;

(6)未按照本规则第 65. 55 条规定的要求保存训练记录的;

(7)使用未经民航地区管理局批准的训练大纲,或者未按批准的训练大纲实施训练,或者拒绝按照民航地区管理局要求对训练大纲作出修改的;

(8)使用未经民航地区管理局批准的训练管理手册,或者未按批准的训练管理手册实施训练,或者拒绝按照民航地区管理局要求对训练管理手册作出修改的;

(9)为训练不合格的学员颁发训练结业证书；

(10)伪造或者篡改按本规则颁发的合格证。

(b)训练机构有本条(a)款规定的情形，经局方审查不满足本规则第65.39条规定的要求，不再具备安全生产条件的，由民航地区管理局依法撤销其合格证。

(c)训练机构拒绝、阻碍民航局或者民航地区管理局及其派出机构的监督检查的，由民航地区管理局责令改正；拒不改正的，处以2万元以上20万元以下的罚款；对其直接负责的主管人员和其他直接责任人员处以1万元以上2万元以下的罚款。

F章　附　　则

第65.87条　施行与废止

本规则自2022年10月1日起施行，2016年3月17日以交通运输部令2016年第11号公布的《民用航空飞行签派员执照管理规则》同时废止。

本规则施行前依法取得的飞行签派员执照和合格证继续有效。本规则施行前已经持有合格证的训练机构应当于2022年12月31日之前完全符合本规则的要求。

附件 A

飞行签派员训练课程知识点

本附件规定了获取飞行签派员执照所需要的基本知识内容，飞行签派员训练机构需按照民航地区管理局批准的训练课程开展教学。

一、航空法律法规规章及相关文件

1. 民用航空法、安全生产法

2. 飞行基本规则

3. 民用航空飞行签派员执照和训练机构管理规则（CCAR-65 部）、一般运行和飞行规则（CCAR-91 部）、民用航空空中交通管理规则（CCAR-93 部）、民用机场飞行程序和运行最低标准管理规定（CCAR-97 部）、大型飞机公共航空运输承运人运行合格审定规则（CCAR-121 部）、小型商业运输和空中游览运营人运行合格审定规则（CCAR-135 部）、民用航空器事件调查规定（CCAR-395 部）、民用航空安全信息管理规定（CCAR-396 部）、民用航空安全管理规定（CCAR-398 部）等涉及民航管理的规章及相关规范性文件；

4. 国际民用航空公约附件 1、附件 6 及相关文件。

二、运行控制基础理论

1. 系统论

2. 控制论

3. 信息论

4. 运行组织与管理

5. 飞行原理

6. 系统分析与算法

7. 专业英语

三、系统安全管理与运行风险管控

1. 系统安全管理

（1）安全政策和目标

（2）风险管理

（3）安全保证

（4）安全促进

2. 运行风险管控

（1）风险管控政策

（2）风险管控目标

（3）风险管控的要求

(4)风险管控的程序和过程
(5)与风险管控程序和过程相关的职责及权限
(6)风险管控程序和过程间的相互作用或者接口
3. 安全文化
(1)职业心理健康
(2)签派资源管理与班组建设
(3)作风建设
四、航空器
1. 飞机飞行手册(AFM)
2. 系统综述
(1)飞行控制系统
(2)液压系统
(3)电气系统
(4)空调和增压系统
(5)防冰和排雨系统
(6)航空电子、通信和导航系统
(7)动力装置和辅助动力装置
(8)紧急和非正常程序
(9)燃油系统
3. 最低设备清单/构形偏离清单(MEL/CDL)及其应用
4. 性能
(1)航空器概述
(2)飞行原理
(a)组类Ⅰ航空器
(b)组类Ⅱ航空器
(3)航空器限制
(4)载重和平衡
(5)飞机仪表误差
(6)航空器性能
(a)起飞性能
(b)巡航性能
(c)着陆性能
五、航空气象
1. 基本天气知识

(1)地球的运动及其对天气的影响
(2)分析下列地区的气候类型、特征和结构以及综合情况
(a)海洋
(b)陆地
(c)极地
(d)热带
(3)分析下列局部地区的天气类型、特征和结构以及综合情况
(a)沿海
(b)山地
(c)岛屿
(d)平原
(4)大气特性
(a)成分
(b)分层(对流层、平流层等)
(5)气压
(a)量度单位
(b)气压梯度力
(c)气压分布
(d)温度对气压的影响
(e)高度表
(6)风
(a)全球风模式
(b)科里奥利(Coriolis)力
(c)急流及其特性
(d)局地风和相关术语
(7)大气状态
(a)固体、液体和气体
(b)导致状态改变的原因
(8)云
(a)成分、形成和消散
(b)类型和与其相联系的降水
(c)云的预测方法
(9)雾
(a)产生原因、形成和消散

(b)类型

(10)积冰

(a)产生原因、形成和消除

(b)类型

(11)大气的稳定性/不稳定性

(a)温度垂直递减率、对流

(b)绝热过程

(c)抬升过程

(d)辐散

(e)辐合

(12)湍流(颠簸)

(a)急流

(b)气压系统

(c)风切变

(d)山岳波

(e)雷暴

(f)晴空颠簸

(13)气团

(a)分类和特征

(b)源地

(c)气团天气的判断

(14)锋

(a)锋面空间分布特点

(b)锋的类型

(c)锋面天气与飞行

(15)风暴系统的知识

(a)雷暴

(b)龙卷风

(c)强热带风暴

(d)微下击暴流

(e)产生原因,形成和消散

2. 天气、分析和预报

(1)观测

(a)地面观测

(b)航站预报
(c)重要的航路报告和预报
(d)天气图
(e)气象信息数据收集系统
(2)数据收集、分析和预报机构
(3)提供航空气象产品的服务机构
3. 危害航空器的天气
(1)侧风和阵风
(2)受污染的跑道
(3)视程障碍
(4)颠簸和风切变
(5)积冰
(6)雷暴和微下击暴流
(7)火山灰

六、航行情报

1. 航行通告
2. 国内、国际航行资料汇编
3. 导航数据库与编码
4. 电子飞行包

七、通信导航与监视

1. 通信
(1)语音通信
(a)高频、甚高频
(b)卫星通信
(2)数据通信
(a)飞机通信寻址和报告系统(ACARS)
(b)管制员—飞行员数据链通信(CPDLC)
(c)北斗短报文
2. 导航
(1)领航学
(a)时间基准和位置
(b)定义
(c)投影
(d)地图

(2)航图的阅读、应用和使用
(3)国家空域规划
(4)导航系统
(5)机载导航仪表
(6)仪表程序
(a)仪表进离场程序
(b)精密进近程序
(c)非精密进近程序
(d)有垂直引导的进近程序
(e)最低标准和与天气的关系
(7)基于性能的导航
3. 监视
(1)雷达
(2)自动相关监视
(3)北斗

八、空中交通管理

1. 组织架构与职责
2. 签派员与空管的协作程序
3. 设施、设备
4. 空域划分、航路结构
5. 飞行间隔
6. 飞行计划
(1)国内
(2)国际

九、紧急与非正常情况处置

1. 地面安全措施
2. 空中安全措施
3. 相关部门职责和服务
4. 对延迟和失踪航空器信息的收集与发布
5. 宣布紧急状态的方法
6. 宣布紧急状态的责任
7. 要求的紧急情况报告

十、签派实践应用

1. 人的因素及胜任能力

(1)决策

(a)环境评估

(b)备份方案的制定和评估

(c)支援工具和技术

(2)人为差错

(a)原因

(b)预防

(c)发现和纠正

(3)协作

(a)信息和情报交流

(b)共同和分散解决问题

(c)资源管理

2. 签派实施

(1)签派员向驾驶员作飞行前简介

(2)签派放行前对飞行条件的评估

(a)安全

(b)天气分析

(c)航行通告和机场情况

(d)机组

(e)航空器

(f)运行飞行计划

(g)重量和平衡

(h)经济飞行概算(性能、燃油差价)

(i)实施飞行的决策

(j)空管飞行计划的填报

(k)飞行文件

(3)与机长共同作出放行决定

(4)飞行中的运行控制

(a)运行监控

(b)信息获取与传递

(c)必要时,更改初始签派放行

(d)航空器追踪

(5)飞行后

(a)到达确认

(b)听取天气汇报
(c)报告飞行不正常情况
3. 航行新技术
(1)平视显示器
(2)增强视景系统
(3)卫星着陆系统
(4)北斗导航系统
4. 空地模拟教学
(1)飞行模拟训练器仪表的演示
(2)空地协同运行的设备和程序
(3)飞行程序与机动动作的演示与分析
(4)必需的地面讲解
(5)其他
5. 案例教学
(1)典型事故案例复盘和分析
(2)典型不安全事件案例分析
(3)常见运行风险案例分析

公安机关反有组织犯罪工作规定

(2022 年 8 月 26 日公安部令第 165 号公布　自 2022 年 10 月 1 日起施行　国司备字[2022006984])

目　　录

第十章　附　　则

第一章　总　　则

第一条　为了保障《中华人民共和国反有组织犯罪法》的贯彻实施，保证公安机关依法、规范、高效开展反有组织犯罪工作，保护公民和组织的合法权益，根据有关法律、行政法规，制定本规定。

第二条　公安机关反有组织犯罪的职责任务，是收集、研判有组织犯罪相关信息，核查有组织犯罪线索，侦查有组织犯罪案件，实施《中华人民共和国反有组织犯罪法》规定的相关行政处罚，在职权范围内落实有组织犯罪预防和治理工作。

第三条　公安机关开展反有组织犯罪工作，应当坚持专门工作与群众路线相结合，坚持专项治理与系统治理相结合，坚持与反腐败相结合，坚持与加强基层组织建设相结合，惩防并举、标本兼治。

第四条　公安机关开展反有组织犯罪工作，应当符合法律、行政法规和本规章的规定，做到严格规范执法，尊重保障人权。

第五条　公安机关应当不断加强反有组织犯罪工作的专业化、规范化、信息化建设，促进反有组织犯罪各项工作的科学、精准、高效开展。

第六条　公安机关应当发挥职能作用，加强与相关部门信息共享、工作联动，充分调动各种资源，促进对有组织犯罪的源头治理。

各地公安机关、各警种部门之间应当加强协作、配合，依法履行反有组织犯罪各项工作职责。

第七条　公安机关应当建立科学的反有组织犯罪工作考评机制，全面考察基础工作、力量建设、预防治理、查处违法犯罪等各方面情况，综合评价反有组织犯罪工作质效。

第二章　预防和治理

第八条　公安机关应当结合公安工作职责，通过普法宣传、以案释法等方式，积极开展反有组织犯罪宣传教育，增强公民的反有组织犯罪意识和能力。

第九条　公安机关应当积极配合教育行政部门、学校建立防范有组织犯罪侵害校园工作机制，加强反有组织犯罪宣传教育，增强学生对有组织犯罪的识别能力和防范意识，教育引导学生自觉抵制有组织犯罪，防范有组织犯罪的侵害。

第十条 公安机关发现互联网上含有宣扬、诱导有组织犯罪内容的信息，应当及时责令电信业务经营者、互联网服务提供者停止传输、采取消除等处置措施，或者下架相关应用、关闭相关网站、关停相关服务，并保存相关记录，协助调查。

第十一条 公安机关应当建立有组织犯罪监测评估体系，根据辖区内警情、线索、案件及社会评价等情况，定期对本辖区有组织犯罪态势进行评估，并将评估结果报送上级公安机关。

第十二条 公安机关应当配合民政等有关部门，对村民委员会、居民委员会成员候选人资格依法进行审查，并及时处理有关有组织犯罪线索。

第十三条 公安机关应当配合市场监管、金融监管、自然资源、交通运输等行业主管部门，建立健全行业有组织犯罪预防和治理长效机制。

第十四条 公安机关在办理案件中发现相关行业主管部门有组织犯罪预防和治理工作存在问题，需要书面提出意见建议的，可以向相关行业主管部门发送公安提示函。

发函机关认为有必要的，可以抄送同级人民政府、人大、监察机关，或者被提示单位的上级机关。

第十五条 制发公安提示函，应当立足公安职能，结合侦查工作，坚持准确及时、必要审慎、注重实效的原则。

第十六条 公安机关可以直接向同级行业主管部门发送公安提示函。

需要向下级行业主管部门发送的，可以直接制发，也可以指令对应的下级公安机关制发。

需要向上级行业主管部门发送的，应当层报与其同级的公安机关转发，上级公安机关认为有必要的，也可以直接制发。

发现异地的行业主管部门有组织犯罪预防和治理工作存在问题的，应当书面通报其所在地同级公安机关处理。

第十七条 公安提示函应当写明具体问题、发现途径、理由和依据、意见和建议、反馈要求等。

第十八条 公安机关根据有组织犯罪态势评估结果、公安提示函反馈情况等，可以会同有关部门确定预防和治理的重点区域、行业领域或者场所。

第十九条 对有组织犯罪预防和治理的重点区域、行业领域或者场所，当地公安机关应当根据职权加强治安行政管理、会同或者配合有关部门加大监督检查力度、开展专项整治。

第二十条 对因组织、领导黑社会性质组织被判处刑罚的人员，其户籍地设区的市级公安机关可以决定其自刑罚执行完毕之日起向公安机关报告个人财产及日常活动,并制作责令报告个人财产及日常活动决定书。

前款规定的户籍地公安机关认为由原办案地公安机关作出决定更为适宜的,可以商请由其决定。协商不成的,由共同的上级公安机关指定。

认为无需报告的,应当报上一级公安机关同意;无需报告的情况发生变化,有报告必要的,依照本规定作出责令报告个人财产及日常活动决定。

第二十一条 责令报告个人财产及日常活动决定书应当载明报告期限、首次报告时间、后续报告间隔期间,报告内容、方式,接受报告的公安机关及地址、联系方式,以及不如实报告的法律责任等。

首次报告时间不迟于刑罚执行完毕后一个月,两次报告间隔期间为二至六个月。

责令报告个人财产及日常活动决定书应当在其刑罚执行完毕之日前三个月内作出并送达和宣告,可以委托刑罚执行机关代为送达和宣告。

依据本规定第二十条第三款作出责令报告个人财产及日常活动决定的,不受第二款首次报告期限和前款期限限制。

第二十二条 作出决定的公安机关负责接受个人财产及日常活动报告。必要时,也可以指定下一级公安机关接受报告。

报告期间,经报告义务人申请,接受报告的公安机关认为确有必要的,报决定机关批准,可以变更接受报告的公安机关。跨决定机关管辖区域变更的,层报共同的上级公安机关决定。

接受报告的公安机关变更的,应当做好工作交接。

第二十三条 报告义务人应当按照责令报告个人财产及日常活动决定书的要求,到公安机关报告个人财产及日常活动情况。

在报告间隔期间,报告义务人的个人财产及日常活动情况可能出现较大变动或者存在重大错报、漏报等情况的,接受报告的公安机关可以通知报告义务人书面或者口头补充报告有关情况。

报告义务人住址、工作单位、通讯方式、出入境证件、重大财产发生变动的,应当在变动后的二十四小时内向公安机关报告。

第二十四条 公安机关可以要求报告义务人报告下列个人财产及日常活动情况:

(一)住址、工作单位、通讯方式;

(二)动产、不动产、现金、存款、财产性权利等财产状况;

(三)经商办企业,从事职业及薪酬,投资收益、经营收益等非职业性经济收入,大额支出等财产变动情况;

(四)日常主要社会交往、婚姻状况,接触特定人员和出入特定场所情况,出境入境情况等；

（五）受到行政、刑事调查及处罚的情况，涉及民事诉讼情况。

报告义务人对前款第二、三、五项规定的报告情况，应当提供证明材料。

第二十五条 个人财产及日常活动报告期限不超过五年，期限届满或者报告义务人在报告期内死亡的，报告义务自动解除。

第二十六条 公安机关在工作中发现境外的黑社会组织的人员可能入境渗透、发展、实施违法犯罪活动的，根据工作需要，可以通知移民管理、海关、海警等部门并提出处置建议。

移民管理、海关、海警等部门发现境外的黑社会组织的人员入境并通知公安机关的，公安机关应当及时依法处理。

第三章 线索核查处置

第二十七条 公安机关应当依法运用现代信息技术，建立有组织犯罪线索收集和研判机制，分级分类进行处置。

公安机关对有组织犯罪线索应当及时开展统计、分析、研判工作，依法组织核查；对不属于公安机关职责范围的事项，移送有关主管机关依法处理。

第二十八条 有组织犯罪线索由县级公安机关负责核查，上级公安机关认为必要时可以提级核查或者指定其他公安机关核查。

上级公安机关应当加强对线索核查工作的监督指导，必要时可以组织抽查、复核。

第二十九条 对有组织犯罪线索，经县级以上公安机关负责人批准后启动核查。

核查有组织犯罪线索，可以依照有关法律和规定采取询问、查询、勘验、检查、鉴定和调取证据材料等不限制被调查对象人身、财产权利的调查措施。

采取前款规定的调查措施，依照《公安机关办理刑事案件程序规定》的有关规定进行审批，制作法律文书。

公安机关向有关单位和个人收集、调取相关信息和材料时，应当告知其必须如实提供。

第三十条 公安机关核查黑社会性质组织犯罪线索，发现涉案财产有灭失、转移的紧急风险的，经设区的市级以上公安机关负责人批准后，可以对有关涉案财产采取紧急止付或者临时冻结、临时扣押的紧急措施，期限不得超过四十八小时。

期限届满或者适用紧急措施的情形消失的，应当立即解除紧急措施；符合立案条件的，办案部门应当在紧急措施期限届满前依法立案侦查，并办理冻结、扣押手续。

第三十一条 有组织犯罪线索核查结论，应当经核查的公安机关负责人批准后作出。有明确举报人、报案人或者控告人的，除无法告知或者可能影响后续侦查工作的以外，应当告知核查结论。

对有控告人的有组织犯罪线索，决定对所控告的事实不予立案的，公安机关应当在核查结论作出后制作不予立案通知书，在三日以内送达控告人。

第三十二条 公安机关核查有组织犯罪线索，发现犯罪事实或者犯罪嫌疑人的，应当依照《中华人民共和国刑事诉讼法》的规定立案侦查。

第四章 案件办理

第三十三条 公安机关办理有组织犯罪案件，应当以事实为根据，以法律为准绳，依法全面收集证据，综合审查判断，准确认定有组织犯罪。

第三十四条 对有组织犯罪的组织者、领导者和骨干成员取保候审的，由办案的公安机关主要负责人组织集体讨论决定。

第三十五条 为谋取非法利益或者形成非法影响，有组织地进行滋扰、纠缠、哄闹、聚众造势等，对他人形成心理强制，足以限制人身自由、危及人身财产安全，影响正常社会秩序、经济秩序的，可以认定为有组织犯罪的犯罪手段。

第三十六条 对于利用信息网络实施的犯罪案件，符合有组织犯罪特征和认定标准的，应当按照有组织犯罪案件侦查、移送起诉。

第三十七条 根据有组织犯罪案件侦查需要，公安机关可以商请人民检察院派员参加案件会商，听取其关于案件定性、证据收集、法律适用等方面的意见。

第三十八条 公安机关办理有组织犯罪案件，可以依照《中华人民共和国出境入境管理法》的规定，决定对犯罪嫌疑人采取限制出境措施，按规定通知移民管理机构执行；对于不需要继续采取限制出境措施的，应当及时解除。

第三十九条 根据办理案件及维护监管秩序的需要，可以对有组织犯罪案件的犯罪嫌疑人、被告人采取异地羁押、分别羁押或者单独羁押等措施。采取异地羁押措施的，应当依法通知犯罪嫌疑人、被告人的家属和辩护人。

第四十条 公安机关在立案后，根据侦查犯罪的需要，依照《中华人民共和国刑事诉讼法》的规定，可以采取技术侦查措施、实施控制下交付或者由有关人员隐匿身份进行侦查。

公安机关实施控制下交付或者由有关人员隐匿身份进行侦查的，应当进行风险评估,制定预案,经县级以上公安机关负责人批准后实施。

采取技术侦查、控制下交付、隐匿身份侦查措施收集的与案件有关的材料,可以作为刑事诉讼证据使用。如果使用该证据可能危及有关人员的人身安全,或者可能产生其他严重后果的,应当采取不暴露有关人员身份和使用的技术设备、侦查方法等保护措施。无法采取保护措施或者采取保护措施不足以防止产生严重后果的,可以建议由审判人员在庭外对证据进行核实。

第四十一条　公安机关侦查有组织犯罪案件,应当依法履行认罪认罚从宽告知、教育义务,敦促犯罪嫌疑人如实供述自己的罪行。

犯罪嫌疑人认罪认罚的,应当在起诉意见书中写明自愿认罪认罚的情况和从宽处理意见,并随案移送相关证据材料。

第四十二条　公安机关对于罪行较轻、自愿认罪认罚、采用非羁押性强制措施足以防止发生《中华人民共和国刑事诉讼法》第八十一条第一款规定的社会危险性的犯罪嫌疑人,依法可不适用羁押性强制措施;已经被羁押的,可以依法变更强制措施。

第四十三条　犯罪嫌疑人检举、揭发重大犯罪的其他共同犯罪人或者提供侦破重大案件的重要线索或者证据,同案处理可能导致其本人或者近亲属有人身危险,经县级以上公安机关负责人批准,可以分案处理。

公安机关决定分案处理的,应当就案件管辖等问题书面征求人民法院、人民检察院意见并达成一致,防止分案处理出现证据灭失、证据链脱节或者影响有组织犯罪认定等情况。

第四十四条　犯罪嫌疑人、被告人有《中华人民共和国反有组织犯罪法》第三十三条第一款所列情形之一的,经县级以上公安机关主要负责人批准,公安机关可以向人民检察院提出从宽处理的意见,并说明理由。

对有组织犯罪的组织者、领导者,应当严格适用。

第五章　涉案财产调查与处置

第四十五条　公安机关根据办理有组织犯罪案件的需要,可以全面调查涉嫌有组织犯罪的组织及其成员财产的来源、性质、用途、权属及价值,依法采取查询、查封、扣押、冻结等措施。

全面调查的范围包括:有组织犯罪组织的财产;组织成员个人所有的财产;组织成员实际控制的财产;组织成员出资购买的财产;组织成员转移至他人名下的财产;组织成员涉嫌洗钱及掩饰、隐瞒犯罪所得、犯罪所得孳息、收益等犯罪涉及的财产;其他与有组织犯罪组织及其成员有关的财产。

第四十六条 公安机关根据反有组织犯罪工作需要，可以向反洗钱行政主管部门查询与有组织犯罪相关的信息数据、提请协查与有组织犯罪相关的可疑交易活动。

第四十七条 对下列财产，经县级以上公安机关主要负责人批准，可以依法先行处置，所得价款由扣押、冻结机关保管，并及时告知犯罪嫌疑人、被告人或者其近亲属：

（一）易损毁、灭失、变质等不宜长期保存的物品；

（二）有效期即将届满的汇票、本票、支票等；

（三）债券、股票、基金份额等财产，经权利人申请，出售不损害国家利益、被害人利益，不影响诉讼正常进行的。

第四十八条 有组织犯罪组织及其成员依法应当被追缴、没收的涉案财产无法找到、灭失或者与其他合法财产混合且不可分割的，公安机关应当积极调查、收集有关证据，并在起诉意见书中说明。

第四十九条 有证据证明犯罪嫌疑人在犯罪期间获得的财产高度可能属于黑社会性质组织犯罪的违法所得及其孳息、收益，公安机关应当要求犯罪嫌疑人说明财产来源并予以查证，对犯罪嫌疑人不能说明合法来源的，应当随案移送审查起诉，并对高度可能性作出说明。

第五十条 有组织犯罪案件移送审查起诉时，公安机关应当对涉案财产提出书面处理意见及理由、依据。

黑社会性质组织犯罪案件，一般应当对涉案财产材料单独立卷。

第五十一条 黑社会性质组织犯罪案件的犯罪嫌疑人逃匿，在通缉一年后不能到案，或者犯罪嫌疑人死亡，依照《中华人民共和国刑法》规定应当追缴其违法所得及其他涉案财产的，依照《中华人民共和国刑事诉讼法》及《公安机关办理刑事案件程序规定》有关犯罪嫌疑人逃匿、死亡案件违法所得的没收程序的规定办理。

第五十二条 对于不宜查封、扣押、冻结的经营性财产，经县级以上公安机关主要负责人批准，可以申请当地政府指定有关部门或者委托有关机构代管或者托管。

不宜查封、扣押、冻结情形消失的，公安机关可以依法对相关财产采取查封、扣押、冻结措施。

第五十三条 利害关系人对查封、扣押、冻结、处置涉案财物提出异议的，公安机关应当及时予以核实，听取其意见，依法作出处理，并书面告知利害关系人。经查明确实与案件无关的财物，应当在三日以内解除相关措施，并予以退还。

公安机关对涉案财物作出处理后，利害关系人对处理不服的，可以提出申诉或者控告。受理申诉或者控告的公安机关应当及时进行调查核实，在收到申诉、控告之日起三十日以内作出处理决定并书面回复。

第六章　国家工作人员涉有组织犯罪的处理

第五十四条　公安机关在反有组织犯罪工作中，发现国家工作人员涉嫌《中华人民共和国反有组织犯罪法》第五十条第一款所列情形之一的，应当按照职权进行初步核查。

经核查，属于公安机关管辖的，应当全面调查，依法作出处理；不属于公安机关管辖的，应当及时移送主管机关。

第五十五条　依法从事反有组织犯罪工作的民警，不得有下列行为：

（一）接到报案、控告、举报不受理，发现犯罪信息、线索隐瞒不报、不如实报告，或者未经批准、授权擅自处置、不移送犯罪线索、涉案材料；

（二）向违法犯罪人员通风报信，阻碍案件查处；

（三）违反规定泄露国家秘密、商业秘密和个人隐私；

（四）违背事实和法律处理案件；

（五）违反规定查封、扣押、冻结、处置涉案财物；

（六）其他滥用职权、玩忽职守、徇私舞弊的行为。

违反上述规定构成犯罪的，依法追究刑事责任；尚不构成犯罪的，依规依纪依法给予处分。

第五十六条　公安机关应当与监察机关、人民法院、人民检察院、司法行政机关加强协作配合，建立线索办理沟通机制。

对于重大疑难复杂的国家工作人员涉有组织犯罪案件，公安机关可以商监察机关、人民检察院同步立案、同步查处，根据案件办理需要，依法移送相关证据、共享有关信息，确保全面查清案件事实。

第五十七条　公安机关接到对从事反有组织犯罪工作民警的举报后，应当审慎对待，依规依纪依法处理，防止犯罪嫌疑人、被告人等利用举报干扰办案、打击报复。

对利用举报等方式歪曲捏造事实、诬告陷害从事反有组织犯罪工作民警的，应当依规依纪依法追究责任；造成不良影响的，应当按照规定及时澄清事实，恢复民警名誉，消除不良影响。

第七章 国际合作

第五十八条 公安部根据中华人民共和国缔结或者参加的国际条约，或者按照平等互惠原则，开展与其他国家、地区、国际组织的反有组织犯罪合作。

第五十九条 公安部根据国务院授权，代表中国政府与外国政府和有关国际组织开展反有组织犯罪情报信息交流和执法合作。

公安部依照有关法律规定，通过推动缔结条约、协定和签订警务合作文件等形式，加强跨境反有组织犯罪警务合作，推动与有关国家、地区、国际组织建立警务合作机制。

经公安部批准，边境地区公安机关可以与相邻国家或者地区执法机构建立跨境有组织犯罪情报信息交流和警务合作机制。

第六十条 通过跨境反有组织犯罪刑事司法协助和警务合作取得的材料可以在行政处罚、刑事诉讼中作为证据使用，但依据条约规定或者我方承诺不作为证据使用的除外。

第六十一条 公安机关开展跨境反有组织犯罪国际合作其他事宜及具体程序，依照有关法律和《公安机关办理刑事案件程序规定》等有关规定办理。

第八章 保障措施

第六十二条 公安机关应当为反有组织犯罪工作提供必要的组织保障、制度保障和物质保障。

第六十三条 公安机关应当建立健全反有组织犯罪专业力量，加强骨干人才培养使用，设立常态化反有组织犯罪专门队伍和情报线索处置平台，确保各级公安机关具备数量充足、配备精良、业务过硬的专门队伍开展反有组织犯罪工作。

第六十四条 公安机关应当加强反有组织犯罪专家人才队伍建设，建立健全选拔、培养、使用机制。

公安机关应当将反有组织犯罪专业训练工作纳入年度教育训练计划。

第六十五条 各级公安机关应当将反有组织犯罪工作经费列入本单位年度预算予以保障。

第六十六条 因举报、控告和制止有组织犯罪活动，在有组织犯罪案件中作证，本人或者其近亲属的人身安全面临危险的，公安机关应当按照有关规定，采取下列一项或者多项保护措施：

（一）不公开真实姓名、住址和工作单位等个人信息；

（二）禁止特定的人接触被保护人员；

（三）对人身和住宅采取专门性保护措施；

（四）变更被保护人员的身份，重新安排住所和工作单位；

（五）其他必要的保护措施。

采取前款第四项规定的保护措施的，由公安部批准和组织实施。

案件移送审查起诉时，应当将采取保护措施的相关情况一并移交人民检察院。

第六十七条 公安机关发现证人因作证，本人或者其近亲属的人身安全面临危险，或者证人向公安机关请求予以保护，公安机关经评估认为确有必要采取保护措施的，应当制作呈请证人保护报告书，报县级以上公安机关负责人批准实施。

人民法院、人民检察院决定对证人采取第六十六条第一款第二、三项保护措施的，由县级以上公安机关凭人民法院、人民检察院的决定文书执行，并将执行保护的情况及时通知决定机关。必要时，可以请人民法院、人民检察院协助执行。

第六十八条 实施有组织犯罪的人员配合侦查、起诉、审判等工作，有《中华人民共和国反有组织犯罪法》第三十三条第一款所列情形之一，对侦破案件或者查明案件事实起到重要作用的，或者有其他重大立功表现的，可以参照证人保护的规定执行。

第六十九条 对办理有组织犯罪案件的人民警察及其近亲属，可以采取人身保护、禁止特定的人接触等保护措施。

第七十条 公安机关实施证人保护的其他事项，适用《公安机关办理刑事案件证人保护工作规定》。

各级公安机关可以结合本地实际，组建专门的证人保护力量、设置证人保护安全场所。

第九章 法律责任

第七十一条 公安机关开展反有组织犯罪工作，对有关组织和个人违反《中华人民共和国反有组织犯罪法》的行为，依法追究其相应的法律责任。

第七十二条 实施《中华人民共和国反有组织犯罪法》第六十九条所列行为的，依照《公安机关办理行政案件程序规定》确定案件管辖。

实施《中华人民共和国反有组织犯罪法》第六十九条第一款第一项行为

的，也可以由抓获地公安机关管辖。

相关违法行为系在侦查有组织犯罪过程中发现的，也可以由负责侦查有组织犯罪的公安机关管辖。

第七十三条 《中华人民共和国反有组织犯罪法》第七十条规定的行政处罚，由接受报告的公安机关管辖。

第七十四条 《中华人民共和国反有组织犯罪法》第七十一条规定的行政处罚，由金融机构等相关单位所在地公安机关管辖，也可以由负责侦查有组织犯罪的公安机关管辖。

第七十五条 公安机关调查有组织犯罪，要求有关国家机关、行业主管部门予以配合相关工作或者提供相关证据，有关国家机关、行业主管部门没有正当理由不予配合的，层报相应的上级公安机关书面通报其上级机关。

第十章　附　　则

第七十六条 本规定自 2022 年 10 月 1 日起施行。

国家标准管理办法

（2022 年 9 月 9 日国家市场监督管理总局令第 59 号公布　自 2023 年 3 月 1 日起施行　国司备字［2022006982］）

第一章　总　　则

第一条 为了加强国家标准管理，规范国家标准制定、实施和监督，根据《中华人民共和国标准化法》，制定本办法。

第二条 国家标准的制定（包括项目提出、立项、组织起草、征求意见、技术审查、对外通报、编号、批准发布）、组织实施以及监督工作，适用本办法。

第三条 对农业、工业、服务业以及社会事业等领域需要在全国范围内统一的技术要求，可以制定国家标准（含国家标准样品），包括下列内容：

（一）通用的技术术语、符号、分类、代号（含代码）、文件格式、制图方法等通用技术语言要求和互换配合要求；

（二）资源、能源、环境的通用技术要求；

（三）通用基础件，基础原材料、重要产品和系统的技术要求；

（四）通用的试验、检验方法；

（五）社会管理、服务，以及生产和流通的管理等通用技术要求；

（六）工程建设的勘察、规划、设计、施工及验收的通用技术要求；

（七）对各有关行业起引领作用的技术要求；

（八）国家需要规范的其他技术要求。

对保障人身健康和生命财产安全、国家安全、生态环境安全以及满足经济社会管理基本需要的技术要求，应当制定强制性国家标准。

第四条 国家标准规定的技术指标以及有关分析试验方法，需要配套标准样品保证其有效实施的，应当制定相应的国家标准样品。标准样品管理按照国务院标准化行政主管部门的有关规定执行。

第五条 制定国家标准应当有利于便利经贸往来，支撑产业发展，促进科技进步，规范社会治理，实施国家战略。

第六条 积极推动结合国情采用国际标准。以国际标准为基础起草国家标准的，应当符合有关国际组织的版权政策。

鼓励国家标准与相应国际标准的制修订同步，加快适用国际标准的转化运用。

第七条 鼓励国际贸易、产能和装备合作领域，以及全球经济治理和可持续发展相关新兴领域的国家标准同步制定外文版。

鼓励同步开展国家标准中外文版制定。

第八条 国务院标准化行政主管部门统一管理国家标准制定工作，负责强制性国家标准的立项、编号、对外通报和依据授权批准发布；负责推荐性国家标准的立项、组织起草、征求意见、技术审查、编号和批准发布。

国务院有关行政主管部门依据职责负责强制性国家标准的项目提出、组织起草、征求意见、技术审查和组织实施。

由国务院标准化行政主管部门组建、相关方组成的全国专业标准化技术委员会（以下简称技术委员会），受国务院标准化行政主管部门委托，负责开展推荐性国家标准的起草、征求意见、技术审查、复审工作，承担归口推荐性国家标准的解释工作；受国务院有关行政主管部门委托，承担强制性国家标准的起草、技术审查工作；负责国家标准外文版的组织翻译和审查、实施情况评估和研究分析工作。

国务院标准化行政主管部门根据需要，可以委托国务院有关行政主管部门、有关行业协会，对技术委员会开展推荐性国家标准申请立项、国家标准报批等工作进行指导。

县级以上人民政府标准化行政主管部门和有关行政主管部门依据法定职责，对国家标准的实施进行监督检查。

第九条 对于跨部门跨领域、存在重大争议的国家标准的制定和实施，由国务院标准化行政主管部门组织协商，协商不成的报请国务院标准化协调机制解决。

第十条 国家标准及外文版依法受到版权保护，标准的批准发布主体享有标准的版权。

第十一条 国家标准一般不涉及专利。国家标准中涉及的专利应当是实施该标准必不可少的专利，其管理按照国家标准涉及专利的有关管理规定执行。

第十二条 制定国家标准应当在科学技术研究和社会实践经验的基础上，通过调查、论证、验证等方式，保证国家标准的科学性、规范性、适用性、时效性，提高国家标准质量。

制定国家标准应当公开、透明，广泛征求各方意见。

第十三条 国务院标准化行政主管部门建立国家标准验证工作制度。根据需要对国家标准的技术要求、试验检验方法等开展验证。

第十四条 制定国家标准应当做到有关标准之间的协调配套。

第十五条 鼓励科技成果转化为国家标准，围绕国家科研项目和市场创新活跃领域，同步推进科技研发和标准研制，提高科技成果向国家标准转化的时效性。

第十六条 对具有先进性、引领性，实施效果良好，需要在全国范围推广实施的团体标准，可以按程序制定为国家标准。

第十七条 对技术尚在发展中，需要引导其发展或者具有标准化价值的项目，可以制定为国家标准化指导性技术文件。

第二章 国家标准的制定

第十八条 政府部门、社会团体、企业事业组织以及公民可以根据国家有关发展规划和经济社会发展需要，向国务院有关行政主管部门提出国家标准的立项建议，也可以直接向国务院标准化行政主管部门提出国家标准的立项建议。

推荐性国家标准立项建议可以向技术委员会提出。

鼓励提出国家标准立项建议时同步提出国际标准立项申请。

第十九条 国务院标准化行政主管部门、国务院有关行政主管部门收到国家标准的立项建议后，应当对立项建议的必要性、可行性进行评估论证。国家标准的立项建议，可以委托技术委员会进行评估。

第二十条　强制性国家标准立项建议经评估后决定立项的,由国务院有关行政主管部门依据职责提出立项申请。

推荐性国家标准立项建议经评估后决定立项的,由技术委员会报国务院有关行政主管部门或者行业协会审核后,向国务院标准化行政主管部门提出立项申请。未成立技术委员会的,国务院有关行政主管部门可以依据职责直接提出推荐性国家标准项目立项申请。

立项申请材料应当包括项目申报书和标准草案。项目申报书应当说明制定国家标准的必要性、可行性,国内外标准情况、与国际标准一致性程度情况,主要技术要求,进度安排等。

第二十一条　国务院标准化行政主管部门组织国家标准专业审评机构对申请立项的国家标准项目进行评估,提出评估建议。

评估一般包括下列内容:

(一)本领域标准体系情况;

(二)标准技术水平、产业发展情况以及预期作用和效益;

(三)是否符合法律、行政法规的规定,是否与有关标准的技术要求协调衔接;

(四)与相关国际、国外标准的比对分析情况;

(五)是否符合本办法第三条、第四条、第五条规定。

第二十二条　对拟立项的国家标准项目,国务院标准化行政主管部门应当通过全国标准信息公共服务平台向社会公开征求意见,征求意见期限一般不少于三十日。必要时,可以书面征求国务院有关行政主管部门意见。

第二十三条　对立项存在重大分歧的,国务院标准化行政主管部门可以会同国务院有关行政主管部门、有关行业协会,组织技术委员会对争议内容进行协调,形成处理意见。

第二十四条　国务院标准化行政主管部门决定予以立项的,应当下达项目计划。

国务院标准化行政主管部门决定不予立项的,应当及时反馈并说明不予立项的理由。

第二十五条　强制性国家标准从计划下达到报送报批材料的期限一般不得超过二十四个月。推荐性国家标准从计划下达到报送报批材料的期限一般不得超过十八个月。

国家标准不能按照项目计划规定期限内报送的,应当提前三十日申请延期。强制性国家标准的延长时限不得超过十二个月,推荐性国家标准的延长时限不得超过六个月。

无法继续执行的，国务院标准化行政主管部门应当终止国家标准计划。

执行国家标准计划过程中，国务院标准化行政主管部门可以对国家标准计划的内容进行调整。

第二十六条 国务院有关行政主管部门或者技术委员会应当按照项目计划组织实施，及时开展国家标准起草工作。

国家标准起草，应当组建具有专业性和广泛代表性的起草工作组，开展国家标准起草的调研、论证（验证）、编制和征求意见处理等具体工作。

第二十七条 起草工作组应当按照标准编写的相关要求起草国家标准征求意见稿、编制说明以及有关材料。编制说明一般包括下列内容：

（一）工作简况，包括任务来源、制定背景、起草过程等；

（二）国家标准编制原则、主要内容及其确定依据，修订国家标准时，还包括修订前后技术内容的对比；

（三）试验验证的分析、综述报告，技术经济论证，预期的经济效益、社会效益和生态效益；

（四）与国际、国外同类标准技术内容的对比情况，或者与测试的国外样品、样机的有关数据对比情况；

（五）以国际标准为基础的起草情况，以及是否合规引用或者采用国际国外标准，并说明未采用国际标准的原因；

（六）与有关法律、行政法规及相关标准的关系；

（七）重大分歧意见的处理经过和依据；

（八）涉及专利的有关说明；

（九）实施国家标准的要求，以及组织措施、技术措施、过渡期和实施日期的建议等措施建议；

（十）其他应当说明的事项。

第二十八条 国家标准征求意见稿和编制说明应当通过有关门户网站、全国标准信息公共服务平台等渠道向社会公开征求意见，同时向涉及的其他国务院有关行政主管部门、企业事业单位、社会组织、消费者组织和科研机构等相关方征求意见。

国家标准公开征求意见期限一般不少于六十日。强制性国家标准在征求意见时应当按照世界贸易组织的要求对外通报。

国务院有关行政主管部门或者技术委员会应当对征集的意见进行处理，形成国家标准送审稿。

第二十九条 技术委员会应当采用会议形式对国家标准送审稿开展技术审查，重点审查技术要求的科学性、合理性、适用性、规范性。审查会议的组织和表决按照《全国专业标准化技术委员会管理办法》有关规定执行。

未成立技术委员会的，应当成立审查专家组采用会议形式开展技术审查。审查专家组成员应当具有代表性，由生产者、经营者、使用者、消费者、公共利益方等相关方组成，人数不得少于十五人。审查专家应当熟悉本领域技术和标准情况。技术审查应当协商一致，如需表决，四分之三以上同意为通过。起草人员不得承担技术审查工作。

审查会议应当形成会议纪要，并经与会全体专家签字。会议纪要应当真实反映审查情况，包括会议时间地点、会议议程、专家名单、具体的审查意见、审查结论等。

技术审查不通过的，应当根据审查意见修改后再次提交技术审查。无法协调一致的，可以提出计划项目终止申请。

第三十条　技术委员会应当根据审查意见形成国家标准报批稿、编制说明和意见处理表，经国务院有关行政主管部门或者行业协会审核后，报国务院标准化行政主管部门批准发布或者依据国务院授权批准发布。

未成立技术委员会的，国务院有关行政主管部门应当根据审查意见形成国家标准报批稿、编制说明和意见处理表，报国务院标准化行政主管部门批准发布或者依据国务院授权批准发布。

报批材料包括：

（一）报送公文；

（二）国家标准报批稿；

（三）编制说明；

（四）征求意见汇总处理表；

（五）审查会议纪要；

（六）需要报送的其他材料。

第三十一条　国务院标准化行政主管部门委托国家标准专业审评机构对国家标准的报批材料进行审核。国家标准专业审评机构应当审核下列内容：

（一）标准制定程序、报批材料、标准编写质量是否符合相关要求；

（二）标准技术内容的科学性、合理性，标准之间的协调性，重大分歧意见处理情况；

（三）是否符合有关法律、行政法规、产业政策、公平竞争的规定。

第三十二条　强制性国家标准由国务院批准发布或者授权批准发布。推荐性国家标准由国务院标准化行政主管部门统一批准、编号，以公告形式发布。

国家标准的代号由大写汉语拼音字母构成。强制性国家标准的代号为

“GB”，推荐性国家标准的代号为“GB/T”，国家标准样品的代号为“GSB”。指导性技术文件的代号为“GB/Z”。

国家标准的编号由国家标准的代号、国家标准发布的顺序号和国家标准发布的年份号构成。国家标准样品的编号由国家标准样品的代号、分类目录号、发布顺序号、复制批次号和发布年份号构成。

第三十三条 应对突发紧急事件急需的国家标准，制定过程中可以缩短时限要求。

第三十四条 国家标准由国务院标准化行政主管部门委托出版机构出版。

国务院标准化行政主管部门按照有关规定在全国标准信息公共服务平台公开国家标准文本，供公众查阅。

第三章 国家标准的实施与监督

第三十五条 国家标准的发布与实施之间应当留出合理的过渡期。

国家标准发布后实施前，企业可以选择执行原国家标准或者新国家标准。

新国家标准实施后，原国家标准同时废止。

第三十六条 强制性国家标准必须执行。不符合强制性国家标准的产品、服务，不得生产、销售、进口或者提供。

推荐性国家标准鼓励采用。在基础设施建设、基本公共服务、社会治理、政府采购等活动中，鼓励实施推荐性国家标准。

第三十七条 国家标准发布后，各级标准化行政主管部门、有关行政主管部门、行业协会和技术委员会应当组织国家标准的宣贯和推广工作。

第三十八条 国家标准由国务院标准化行政主管部门解释，国家标准的解释与标准文本具有同等效力。解释发布后，国务院标准化行政主管部门应当自发布之日起二十日内在全国标准信息公共服务平台上公开解释文本。

对国家标准实施过程中有关具体技术问题的咨询，国务院标准化行政主管部门可以委托国务院有关行政主管部门、行业协会或者技术委员会答复。相关答复应当按照国家信息公开的有关规定进行公开。

第三十九条 企业和相关社会组织研制新产品、改进产品和服务、进行技术改造等，应当符合本办法规定的标准化要求。

第四十条 国务院标准化行政主管部门建立国家标准实施信息反馈机制，畅通信息反馈渠道。

鼓励个人和单位通过全国标准信息公共服务平台反馈国家标准在实施中

产生的问题和修改建议。

各级标准化行政主管部门、有关行政主管部门、行业协会和技术委员会应当在日常工作中收集相关国家标准实施信息。

第四十一条 国务院标准化行政主管部门、国务院有关行政主管部门、行业协会、技术委员会应当及时对反馈的国家标准实施信息进行分析处理。

第四十二条 国务院标准化行政主管部门建立国家标准实施效果评估机制。国务院标准化行政主管部门根据国家标准实施情况，定期组织开展重点领域国家标准实施效果评估。国家标准实施效果评估应当包含下列内容：

（一）标准的实施范围；

（二）标准实施产生的经济效益、社会效益和生态效益；

（三）标准实施过程中发现的问题和修改建议。

第四十三条 国务院有关行政主管部门、有关行业协会或者技术委员会应当根据实施信息反馈、实施效果评估情况，以及经济社会和科学技术发展的需要，开展国家标准复审，提出继续有效、修订或者废止的复审结论，报国务院标准化行政主管部门。复审周期一般不超过五年。

复审结论为修订的，国务院有关行政主管部门、有关行业协会或者技术委员会应当在报送复审结论时提出修订项目。

复审结论为废止的，由国务院标准化行政主管部门通过全国标准信息公共服务平台向社会公开征求意见，征求意见一般不少于六十日。无重大分歧意见或者经协调一致的，由国务院标准化行政主管部门以公告形式废止。

第四十四条 国家标准发布后，个别技术要求需要调整、补充或者删减，可以通过修改单进行修改。修改单由国务院有关行政主管部门、有关行业协会或者技术委员会提出，国务院标准化行政主管部门按程序批准后以公告形式发布。国家标准的修改单与标准文本具有同等效力。

第四章 附　　则

第四十五条 《强制性国家标准管理办法》对强制性国家标准的制定、组织实施和监督另有规定的，从其规定。

第四十六条 本办法自 2023 年 3 月 1 日起实施。1990 年 8 月 24 日原国家技术监督局第 10 号令公布的《国家标准管理办法》同时废止。

附：

2022年9月份报国务院备案并予以登记的地方性法规、自治条例、单行条例和地方政府规章目录

地方性法规

法规名称	公布日期	备案登记编号
北京市人民代表大会常务委员会关于修改《北京市优化营商环境条例》的决定	2022年8月29日	国司备字[2022006898]
河北省港口污染防治条例	2022年7月28日	国司备字[2022006937]
河北省中小企业促进条例	2022年7月28日	国司备字[2022006938]
唐山市人民代表大会常务委员会关于废止《唐山市城镇国有土地使用权出让转让管理条例》的决定	2022年8月1日	国司备字[2022006939]
保定市快递业促进条例	2022年8月1日	国司备字[2022006940]
秦皇岛市山海关古城保护条例	2022年8月3日	国司备字[2022006941]
张家口市机动车停车场管理条例	2022年8月3日	国司备字[2022006942]
承德市城镇住宅物业管理条例	2022年8月4日	国司备字[2022006943]
承德市旅游市场管理条例	2022年8月4日	国司备字[2022006944]
青龙满族自治县村集体经济组织财务管理条例	2022年7月29日	国司备字[2022006946]
围场满族蒙古族自治县立法条例	2022年8月1日	国司备字[2022006945]

续表

法规名称	公布日期	备案登记编号
山西省社会信用条例	2022 年 5 月 27 日	国司备字［2022006893］
山西省实施《中华人民共和国工会法》办法	2022 年 5 月 27 日	国司备字［2022006894］
山西省中医药条例	2022 年 5 月 27 日	国司备字［2022006895］
包头市人民代表大会常务委员会关于废止部分地方性法规的决定	2022 年 8 月 1 日	国司备字［2022006932］
沈阳市人民代表大会常务委员会关于废止《沈阳市道路货运市场管理条例》的决定	2022 年 8 月 8 日	国司备字［2022006910］
大连市医疗纠纷预防和处理条例	2022 年 8 月 2 日	国司备字［2022006911］
鞍山市人民代表大会常务委员会关于废止《鞍山市人民代表大会常务委员会规范性文件备案审查条例》的决定	2022 年 8 月 5 日	国司备字［2022006912］
鞍山市人民代表大会常务委员会关于废止《鞍山市客运出租汽车管理条例》的决定	2022 年 8 月 5 日	国司备字［2022006913］
鞍山市人民代表大会常务委员会关于修改《鞍山市矿产资源保护条例》的决定	2022 年 8 月 5 日	国司备字［2022006914］
抚顺市人大常委会关于修改《抚顺市节约用水条例》的决定	2022 年 8 月 11 日	国司备字［2022006979］
营口市地热水资源管理条例	2022 年 8 月 8 日	国司备字［2022006916］
营口市生活垃圾分类管理条例	2022 年 8 月 9 日	国司备字［2022006917］
松原市人民代表大会常务委员会关于修改《松原市大气污染防治条例》的决定	2022 年 6 月 1 日	国司备字［2022006936］
江苏省哲学社会科学促进条例	2022 年 7 月 29 日	国司备字［2022006852］
江苏省行政程序条例	2022 年 7 月 29 日	国司备字［2022006853］

续表

法规名称	公布日期	备案登记编号
江苏省人民代表大会常务委员会关于加强经济工作监督的决定	2022 年 7 月 29 日	国司备字［2022006854］
江苏省对台经济文化交流合作促进条例	2022 年 7 月 29 日	国司备字［2022006855］
江苏省人民代表大会常务委员会议事规则	2022 年 7 月 29 日	国司备字［2022006856］
江苏省人民代表大会常务委员会关于修改《江苏省保护和促进香港澳门同胞投资条例》的决定	2022 年 7 月 29 日	国司备字［2022006857］
江苏省人民代表大会常务委员会关于废止《江苏省人民代表大会常务委员会关于加强对法律法规实施情况检查监督的若干规定》等两件地方性法规的决定	2022 年 7 月 29 日	国司备字［2022006858］
南京市人民代表大会常务委员会关于废止《南京市民办中小学条例》的决定	2022 年 8 月 8 日	国司备字［2022006859］
徐州市骆马湖水环境保护条例	2022 年 8 月 5 日	国司备字［2022006860］
苏州市人民代表大会常务委员会关于修改《苏州市养犬管理条例》的决定	2022 年 8 月 8 日	国司备字［2022006861］
连云港市人民代表大会常务委员会关于修改《连云港市文明行为促进条例》的决定	2022 年 8 月 5 日	国司备字［2022006862］
淮安市人民代表大会常务委员会关于修改《淮安市永久性绿地保护条例》《淮安市地下管线管理条例》的决定	2022 年 8 月 5 日	国司备字［2022006863］
镇江市节约用水条例	2022 年 8 月 4 日	国司备字［2022006864］
泰州市人民代表大会常务委员会关于修改《泰州市住宅物业管理条例》的决定	2022 年 8 月 5 日	国司备字［2022006865］
宿迁市骆马湖水环境保护条例	2022 年 8 月 8 日	国司备字［2022006866］

续表

法规名称	公布日期	备案登记编号
杭州市人民代表大会常务委员会关于废止《杭州市邮政通信管理条例》的决定	2022年8月12日	国司备字[2022006901]
宁波市公筷使用规定	2022年8月11日	国司备字[2022006903]
温州市市政设施管理条例	2022年8月11日	国司备字[2022006904]
安徽省粮食作物生长期保护规定	2022年7月29日	国司备字[2022006918]
安徽省地方金融条例	2022年7月29日	国司备字[2022006919]
安徽省铁路安全管理条例	2022年7月29日	国司备字[2022006920]
安徽省实施《中华人民共和国反家庭暴力法》办法	2022年7月29日	国司备字[2022006922]
安徽省消防条例	2022年7月29日	国司备字[2022006924]
合肥市公园条例	2022年8月9日	国司备字[2022006925]
淮南市电梯安全管理条例	2022年8月9日	国司备字[2022006928]
蚌埠市医疗废物管理条例	2022年8月10日	国司备字[2022006927]
淮北市优化营商环境条例	2022年7月30日	国司备字[2022006926]
六安市革命遗址遗迹保护条例	2022年8月12日	国司备字[2022006929]
安庆市菱湖风景区条例	2022年8月11日	国司备字[2022006930]
福建省实施《中华人民共和国反恐怖主义法》办法	2022年7月28日	国司备字[2022006875]

续表

法规名称	公布日期	备案登记编号
福建省动物防疫条例	2022 年 7 月 28 日	国司备字［2022006876］
福建省禁止中小学幼儿园学生携带手机进入课堂的规定	2022 年 7 月 28 日	国司备字［2022006877］
厦门经济特区公安机关警务辅助人员条例	2022 年 8 月 26 日	国司备字［2022006931］
宁德市电动车自行车管理条例	2022 年 8 月 2 日	国司备字［2022006878］
河南省养老服务条例	2022 年 8 月 1 日	国司备字［2022006871］
河南省反家庭暴力条例	2022 年 8 月 1 日	国司备字［2022006872］
河南省气象信息服务条例	2022 年 7 月 30 日	国司备字［2022006873］
河南省科学院发展促进条例	2022 年 7 月 31 日	国司备字［2022006874］
湖南省通用航空条例	2022 年 7 月 28 日	国司备字［2022006867］
长沙市平安建设条例	2022 年 8 月 9 日	国司备字［2022006933］
张家界市旅游市场秩序管理规定	2022 年 8 月 15 日	国司备字［2022006934］
娄底市农村人居环境治理条例	2022 年 8 月 19 日	国司备字［2022006935］
湘西土家族苗族自治州农村集体经济促进和管理条例	2022 年 1 月 18 日	国司备字［2022006891］
江华瑶族自治县野外用火管理条例	2022 年 4 月 19 日	国司备字［2022006892］
广州市依法行政条例	2022 年 8 月 13 日	国司备字［2022006879］

续表

法规名称	公布日期	备案登记编号
肇庆市供电设施建设与保护条例	2022年8月3日	国司备字［2022006882］
阳江市农村生活垃圾管理条例	2022年8月1日	国司备字［2022006883］
茂名市文明行为促进条例	2022年8月4日	国司备字［2022006884］
四川省人民代表大会常务委员会关于修改《四川省乡镇人民代表大会主席团工作条例》的决定	2022年6月9日	国司备字［2022006947］
四川省人民代表大会常务委员会关于修改《四川省人民代表大会常务委员会任免国家机关工作人员条例》的决定	2022年6月9日	国司备字［2022006948］
四川省固体废物污染环境防治条例	2022年6月9日	国司备字［2022006949］
四川省人民代表大会常务委员会关于修改《四川省高速公路条例》的决定	2022年6月9日	国司备字［2022006950］
四川省人民代表大会常务委员会关于废止《四川省暂住人口治安管理条例》的决定	2022年6月9日	国司备字［2022006951］
绵阳市养犬管理条例	2022年6月15日	国司备字［2022006952］
宜宾市机动车停车条例	2022年6月20日	国司备字［2022006953］
峨边彝族自治县人民代表大会关于废止《峨边彝族自治县实施〈四川省人口与计划生育条例〉的变通规定》的决定	2022年6月20日	国司备字［2022006955］
北川羌族自治县投资促进条例	2022年6月17日	国司备字［2022006954］
陕西省地方金融条例	2022年3月24日	国司备字［2022006956］
陕西省人口与计划生育条例	2022年5月25日	国司备字［2022006957］

续表

法规名称	公布日期	备案登记编号
陕西省律师条例	2022 年 7 月 28 日	国司备字［2022006958］
陕西省食盐管理条例	2022 年 7 月 28 日	国司备字［2022006959］
陕西省人民代表大会常务委员关于修改《陕西省人民代表大会常务委员会任免国家机关工作人员办法》的决定	2022 年 7 月 28 日	国司备字［2022006960］
陕西省实施《中华人民共和国动物防疫法》办法	2022 年 5 月 25 日	国司备字［2022006980］
西安市工业节能条例	2022 年 2 月 11 日	国司备字［2022006961］
西安市建筑装饰装修条例	2022 年 2 月 11 日	国司备字［2022006962］
西安市灞河重点区域风貌管控条例	2022 年 2 月 11 日	国司备字［2022006963］
西安市反餐饮浪费条例	2022 年 4 月 21 日	国司备字［2022006964］
西安市土地储备条例	2022 年 4 月 21 日	国司备字［2022006965］
榆林市文明行为促进条例	2022 年 4 月 26 日	国司备字［2022006966］
商洛市大气污染防治条例	2022 年 4 月 19 日	国司备字［2022006967］
张掖七彩丹霞保护条例	2022 年 8 月 19 日	国司备字［2022006868］
白银市农作物秸秆露天禁烧和利用条例	2022 年 8 月 29 日	国司备字［2022006869］
白银市爱国卫生条例	2022 年 8 月 29 日	国司备字［2022006870］

续表

法规名称	公布日期	备案登记编号
甘南藏族自治州人民代表大会关于废止《甘肃省甘南藏族自治州矿产资源管理条例》的决定	2022 年 8 月 26 日	国司备字［2022006908］
甘南藏族自治州人民代表大会关于废止《甘肃省甘南藏族自治州土地管理办法》的决定	2022 年 8 月 26 日	国司备字［2022006909］
黄南藏族自治州水资源保护条例	2022 年 9 月 6 日	国司备字［2022006968］
黄南藏族自治州城乡社区治理促进条例	2022 年 9 月 6 日	国司备字［2022006969］
循化撒拉族自治县自治条例	2022 年 8 月 31 日	国司备字［2022006978］

地方政府规章

规章名称	公布日期	备案登记编号
河北省食盐专营管理实施办法	2022 年 8 月 18 日	国司备字［2022006905］
河北省粮食流通管理规定	2022 年 8 月 18 日	国司备字［2022006906］
晋中市重大行政决策程序规定	2022 年 8 月 26 日	国司备字［2022006899］
抚顺市人民政府关于废止《抚顺市防御雷电灾害管理办法》的决定	2022 年 8 月 23 日	国司备字［2022006970］
上海市人民政府关于废止《上海市市场监督管理行政处罚程序规定》和《上海市市场监督管理投诉举报处理程序规定》的决定	2022 年 8 月 29 日	国司备字［2022006975］
苏州市地方政府储备粮管理办法	2022 年 9 月 3 日	国司备字［2022006977］
合肥市邮政快递管理办法	2022 年 8 月 29 日	国司备字［2022006985］

续表

规章名称	公布日期	备案登记编号
合肥市网络餐饮外卖配送管理办法	2022年9月9日	国司备字［2022006986］
合肥市人民政府关于废止《合肥市城市集中供热管理办法》等规章的决定	2022年9月9日	国司备字［2022006987］
合肥市市政公用事业特许经营管理办法	2022年9月9日	国司备字［2022006988］
芜湖市人民政府关于修改《芜湖市市区餐厨废弃物管理办法》的决定	2022年8月5日	国司备字［2022006880］
青岛市行政规范性文件管理规定	2022年8月19日	国司备字［2022006889］
河南省新冠肺炎疫情常态化防控办法（试行）	2022年8月13日	国司备字［2022006886］
河南省人民政府关于废止部分省政府规章的决定	2022年9月8日	国司备字［2022006989］
郑州市人民政府重大行政决策程序规定	2022年8月17日	国司备字［2022006983］
荆门市停车设施规划建设和管理办法	2022年8月5日	国司备字［2022006902］
广东省高速公路运营管理办法	2022年8月25日	国司备字［2022006971］
广州市测绘地理信息管理办法	2022年8月10日	国司备字［2022006921］
广州市政务服务便民热线管理办法	2022年8月10日	国司备字［2022006923］
广州市重大行政决策程序规定	2022年8月26日	国司备字［2022006976］
珠海市人民政府关于废止《珠海市突发事件总体应急预案》的决定	2022年8月25日	国司备字［2022006881］
江门市人民政府关于废止《江门市扬尘污染防治管理办法》的决定	2022年8月10日	国司备字［2022006900］

续表

规章名称	公布日期	备案登记编号
南宁市相对集中行政许可权实施办法	2022 年 8 月 29 日	国司备字［2022006972］
南宁市文明行为促进办法	2022 年 8 月 18 日	国司备字［2022006974］
北海市文明行为促进办法	2022 年 6 月 29 日	国司备字［2022006890］
黔南州人民政府关于修改《黔南布依族苗族自治州机动车和非道路移动机械排放污染防治管理办法》的决定	2022 年 8 月 15 日	国司备字［2022006888］
云南省人民政府关于废止和修改部分规章的决定	2022 年 5 月 31 日	国司备字［2022006887］
陕西省人民政府关于废止《陕西省名牌产品认定办法》《中国（陕西）自由贸易试验区管理办法》的决定	2022 年 6 月 6 日	国司备字［2022006907］
西安市人民政府关于委托一批行政许可事项的决定	2022 年 8 月 19 日	国司备字［2022006885］
兰州市优化营商环境办法	2022 年 9 月 8 日	国司备字［2022006981］

图书在版编目(CIP)数据

中华人民共和国新法规汇编.2022年.第10辑:总第308辑/司法部编.—北京:中国法制出版社,2023.2
ISBN 978-7-5216-3250-7

Ⅰ.①中… Ⅱ.①司… Ⅲ.①法规-汇编-中国-2022
Ⅳ.①D920.9

中国国家版本馆CIP数据核字(2023)第020683号

中华人民共和国新法规汇编
ZHONGHUA RENMIN GONGHEGUO XIN FAGUI HUIBIAN
(2022年第10辑)
编者/司法部

经销/新华书店
印刷/三河市紫恒印装有限公司
开本/850毫米×1168毫米 32开　　印张/6.125　字数/166千
版次/2023年2月第1版　　2023年2月第1次印刷

中国法制出版社出版
书号 ISBN 978-7-5216-3250-7　　定价:18.00元

北京市西城区西便门西里甲16号西便门办公区
邮政编码:100053　　传真:010-63141600
网址:http://www.zgfzs.com　　编辑部电话:010-63141663
市场营销部电话:010-63141612　　印务部电话:010-63141606
(如有印装质量问题,请与本社印务部联系。)